Mahlmann · Einzel-Coaching: Kompetenz entwickeln

Konzept und Beratung der Reihe Beltz Weiterbildung:

Prof. Dr. *Karlheinz A. Geißler*, Schlechinger Weg 13, D-81669 München.
Prof. Dr. *Bernd Weidenmann*, Weidmoosweg 5, D-83626 Valley.

Regina Mahlmann

Einzel-Coaching: Kompetenz entwickeln

Grundsätzliches, Schattentage und Dialogbeispiele

Beltz Verlag · Weinheim und Basel

 Dr. *Regina Mahlmann*, M.A. phil., Dipl.-Soz., Jg. 1959, arbeitet als Unternehmensberaterin und Trainerin.

Anschrift:
Am Haderner Winkel 1, 82061 Neuried
E-Mail: info@dr-mahlmann.de · www.dr-mahlmann.de

Gesetzt nach den neuen Rechtschreibregeln
Lektorat: Ingeborg Sachsenmeier

© 2001 Beltz Verlag · Weinheim und Basel
www.beltz.de
Herstellung: Klaus Kaltenberg
Satz: Media Partner GmbH, Hemsbach
Druck: Druckhaus Beltz, Hemsbach
Umschlaggestaltung: Bernhard Zerwann, Bad Dürkheim
Printed in Germany

ISBN 3-407-36377-X

Inhaltsverzeichnis

Coaching in Aktion

Widmung und Danksagung

Widmung

Coaching im beruflichen Umfeld wird durch fremde Personen geleistet. In der privaten Lebensführung tun dies Freunde. So auch bei mir. Mit ihrem Vertrauen, ihrer Kritik und ihrer Loyalität prägen sie, jeder auf eine besondere Weise, einen wesentlichen Teil meines Lebens. Ich widme dieses Buch

❖ meinem provokativen Freund Uwe,
❖ meiner gutmütig-resoluten Schwester Marion,
❖ meinen energischen Freunden Volker und Bernd,
❖ meinem sanft-kritischen Lebensgefährten Jeanpierre.

Herzlich möchte ich mich bedanken

Zunächst bei meiner Lektorin, Ingeborg Sachsenmeier. Von ihr bei der Bearbeitung des Buches »gecoacht« zu werden, bereitete mir viel Freude. Ihre warme Herzlichkeit sowie ihre aufbauende wie sorgfältige Kritik bereicherten die Ausführungen um manche leserfreundliche Gedanken und fließende Formulierung.

Bedanken möchte ich mich ferner bei all meinen Coaching-Klienten. Ihrem Vertrauen verdanke ich den wichtigsten »Stoff«: Erfahrung und kontinuierliche kritische Reflexion meiner Arbeit.

> **Lesetipp:** Es gibt Leserinnen und Leser, die gern »praktisch« einsteigen. Sie sollten mit dem Kapitel »Coaching in Aktion« beginnen. Denn dort finden Sie Dialoge und Kommentare. Jenen, die bevorzugen, sich zunächst einen grundsätzlichen Eindruck in die Arbeit des Einzel-Coachings zu verschaffen, empfehle ich, mit dem Kapitel »Rechenschaft und Bekenntnisse eines Coachs« zu starten

Einführung

Einen schönen guten Tag!

> *»Wär ich doch nur wieder zu Hause«, seufzte Alice. »Da wird man nicht dauernd riesig oder winzig und man muss sich nicht von Mäusen und Kaninchen herumkommandieren lassen! Wär ich bloß nicht in das Kaninchenloch gekrochen! Aber nein – eigentlich ist es recht spannend.«* (Alice im Wunderland, Lewis Caroll)

Zwiespalt Klienten durchleben zuweilen diesen Zwiespalt zwischen der Sehnsucht nach dem Zurück ins Vertraute und dem Demselben-wie-Zuvor und dem Vorwärts zum Fremden und Neuen.

> *Zweifellos war das ein ausgezeichneter Plan, klar und präzise – die einzige Schwierigkeit war nur: Sie hatte keine Ahnung, wie sie das machen sollte. (…)*
> *»Na, meine Liebe, so tief in Gedanken, dass du das Reden vergisst? Das hat eine tiefere Bedeutung – ich weiß zwar nicht, welche, aber es fällt mir schon wieder ein.« »Vielleicht hat es gar keine«, meine Alice. »Aber, aber Herzchen!«, rief die Herzogin. »Alles hat eine tiefere Bedeutung, man muss nur tief genug danach schürfen!«* (ebd.)

Verwechslung Klienten verwechseln oft vage Vorstellungen mit Zielen.

> *Alice trifft eine Katze: »Miez, miez, miez!«, rief sie etwas zaghaft (…). »Könntest du mir bitte sagen, wo ich jetzt hingehen soll?« »Das hängt ganz davon ab, wo du hinwillst«, sagte die Katze. »Eigentlich ist es mir egal«, sagte Alice. »Dann ist es auch egal, wo du hingehst«, sagte die Katze.* (ebd.)

Antworten Klienten möchten dem Coach oftmals entlocken, wohin sie gehen und was sie tun sollen – und erhalten logisch korrekte und doch »unklare« Antworten.

Alice sucht Einlass in das Haus der Herzogin. Vor dem Haus sitzt ein Lakai: »Wie komme ich hinein?«, fragte Alice nun sehr laut. »Sollst du überhaupt hinein?«, erwiderte der Diener. »Das ist die Frage, verstehst du?« Alice fragte sich das natürlich auch, nur ließ sie es sich ungern sagen. »In welchem Ton diese Tiere mit mir reden – es ist wirklich zum Verrücktwerden!« Der Diener benützte die Pause, um seine vorige Bemerkung etwas anders zu wiederholen. »Ich bleibe hier sitzen«, sagte er, »was auch kommt, bis übermorgen und überübermorgen und überüberübermorgen.« »Und was mache ich?«, wollte Alice wissen. »Was du magst«, sagte der Diener und begann zu pfeifen. »Ach, es ist sinnlos, mit ihm zu reden!«, sagt sich Alice wütend. »Er ist einfach zu blöd!« Dann drückte sie auf die Klinke und ging hinein. (ebd.)

Klienten erhalten anstatt Antworten Fragen vom Coach, reagieren irritiert bis ärgerlich – und wissen am Ende selbst, was zu tun für sie sinnvoll ist!

Noch einmal wünsche ich Ihnen, werte Leserin und werter Leser, einen schönen guten Tag! Ein weiteres Buch zum Thema Coaching bedarf der *Begründung*. Hier ist sie:

Begründung für ein Coaching-Buch

Auf das berufliche Umfeld bezogen, taucht der Begriff des Coachings seit etwa sechs Jahren inflationär in Titeln von Büchern und Zeitschriftenartikeln auf. Die Inhalte fallen allerdings recht unterschiedlich aus. Dies hängt damit zusammen, dass der Begriff als Mode- und Sammelname für verschiedene Beratungsleistungen mit unterschiedlicher Klientel herhält. Was es weniger gibt, sind Ausführungen, die sich auf eine spezielle Art des Coachings festlegen und diese umfassender behandeln. In diesem Buch möchte ich eine dieser Lücken füllen und Ihnen das Einzel-Coaching *näher bringen, in dem ein externer Coach mit einem Klienten arbeitet.*

Im Einzel-Coaching finden wir – und damit ist auch der Grund für den Erfolg benannt – eine außerordentlich effektive Form der persönlichen Beratung. Die zunehmende Verbreitung sowie das Interesse aus dem Kollegenkreis und dem Kreis potenzieller Coaching-Klienten, wie ein Einzel-Coaching »abläuft«, führte zu dem Entschluss, dieses Buch zu schreiben.

Kurzum: Ich biete Ihnen, werte Leserin und werter Leser, eine Darstellung zum Einzel-Coaching an. Im Verlauf Ihrer Lektüre werden Sie erkennen, dass es in gewisser Weise ein sehr persönliches Buch ist.

Damit wären wir bei *Aufbau und Anlage* des Buches angelangt: Wie, so fragte ich mich, schreibe ich ein Buch, das zu lesen Spaß macht, weil es spannend ist? Wie, so die zweite Frage, verknüpfe ich diese Freude an der Lektüre

Programm

mit Erkenntnisgewinn? Und wie, so die dritte Frage, wähle ich eine Form, die dem sensiblen (weil auf eine persönliche und vertrauensvolle Zusammenarbeit angewiesenen) Dialog zwischen Coach und Klient* angemessen ist?

Das *Ergebnis dieser Überlegungen* liegt Ihnen vor. Es ist eine Mischung aus allgemein gültigen Ausführungen und einer Skizze meiner Arbeitsweise und Erfahrungen. Dazu *im Einzelnen*: Gerade befinden wir uns im Begrüßungskapitel. Hier möchte ich Sie in das Thema einführen und stelle Ihnen die Struktur des Buches vor. Ihm folgen Erörterungen, die ich mit »Ein Blick auf die Coaching-Landschaft« tituliert habe. Dort finden Sie diejenigen Themen in aller Kürze zusammengefasst, die Ihnen einen Panorama-Blick gestatten. Ihre Augen streifen die Coaching-Arten; das Verständnis von externem Coaching; allgemeine Anlässe, in einen Coaching-Prozess einzusteigen; und formale Gesichtspunkte, die es zu beachten gilt.

Wenn ich eingangs sagte, dieses Buch sei in gewisser Weise ein sehr persönliches, beginnt diese persönliche Seite mit dem Kapitel »Rechenschaft und Bekenntnisse eines Coachs«. Unter dieser Überschrift fächere ich meine Philosophie und Arbeitsform auf, skizziere Ihnen die wesentlichen Inhalte meines methodischen und didaktischen Repertoires und bekenne, welchen Risiken und Problemen ein Coach ins Gesicht sehen muss. Selbstverständlich gelten zahlreiche Erläuterungen für das Einzel-Coaching schlechthin.

Unter dem Titel »Coaching in Aktion« finden Sie den praktischen Teil des Buches. Anhand eines Fallbeispiels präsentiere ich Ihnen einige Arbeitsweisen (vorzugsweise Gesprächsstrategien) und Phasen im Coaching-Prozess. Pro Coaching-Sitzung lesen Sie eine beschreibende Einführung, einen Auschnitt aus einem Dialog zwischen Klient und Coach sowie theoretische Erklärungen und Kommentare. Im letzten Kapitel verabschiede ich mich von Ihnen mit zusätzlichen Anmerkungen zu unserem Thema und zu Ihnen als zukünftigem Coach bzw. als möglichen Coaching-Klienten.

Und nun lade ich Sie herzlich ein, die Coaching-Landschaft zu betreten!

---

* Anm.: Die Leserinnen mögen mir verzeihen, wenn ich im Fall der Bezeichnung von Coach und Klient bis auf Fallschilderungen die männliche Sprachform wähle. Meine Begründung: Eine weibliche Form von »Coach« habe ich nirgends gefunden und bei »Klient« jedes Mal auch die »Klientin« zu nennen (gar als Anhängsel in Form von »Klient/in« oder »KlientIn«), geht mir zu sehr auf Kosten der Lesbarkeit. Vielleicht tröstet Sie, liebe Leserinnen, dass ich mich selbst in der Sprachform »vermännliche«.

Ein Blick auf die Coaching-Landschaft

Die verschiedenen Coaching-Arten

Coaching-Arten Wie erwähnt, wird der Begriff des Coachings auf verschiedene Formen und Ausprägungen angewendet. Ich fasse die am häufigsten genannten zusammen:

❖ *Einzel-Coaching:* Eine Form der persönlichen Beratung oder Begleitung. Dieser Dialog wird gewöhnlich in Coaching-Sitzungen geführt, an denen Coach und Klient beteiligt sind. Anlässe, ein Einzel-Coaching durchzuführen, sind vielfältig. Das häufigste Ziel im Berufsfeld besteht in der persönlichen Kompetenzerweiterung.

❖ *Selbst-Coaching:* Diese Form des Coachings entbehrt der Betreuung durch eine zweite Person. Es ist eine Art Selbsttraining, das unter Anleitung von oder Anregung durch Literatur in Eigenregie erfolgt. (Siehe etwa mein Buch: »Selbsttraining für Führungskräfte«.)

❖ *Gruppen- oder Team-Coaching:* Diese Form des Coachings betreut eine Gruppe oder ein Team und orientiert sich an den Eigenheiten gruppendynamischer Vorgänge. Das Team-Coaching visiert an, die Gruppe arbeitsfähig zu machen, indem kommunikative Prozesse und methodische Fertigkeiten fokussiert werden. Manchmal wird das Team-Coaching mit Einzel-Gesprächen kombiniert.

❖ *Projekt-Coaching:* Das Projekt-Coaching ist eine Sonderform des Team-Coachings insofern, als unter Projekt eine interdisziplinär und unterschiedliche Hierarchiestufen vereinigende Gruppe verstanden wird, die zeitlich begrenzt zusammenarbeitet. Im Brennpunkt der Coaching-Arbeit steht das Umgehen mit Konflikten.

❖ *System-Coaching* (manchmal auch *Organisations-Coaching* genannt): In diesem Fall werden häufig Teams durch einen, oft auch mehrere Coachs betreut. Die Anstrengungen richten sich auf unternehmensstrukturelle, -politische oder -philosophische Veränderungen (Vision, Leitbild), an denen jene Teams arbeiten oder in die sie maßgeblich involviert sind.

Internes Coaching Generell zu unterscheiden sind ferner *unternehmensinternes Coaching* sowie *externes Coaching*. Den Fall eines internen Coachings finden Sie in dem Diskurs »Die Führungskraft als Coach«. Der Fall des externen Coachings bezeichnet den Dialog zwischen einem von außen kommenden Berater als Coach und dem Klienten.

In der Literatur, insbesondere dann, wenn Sie sich an den Titeln von Büchern oder Artikeln orientieren, bleiben diese Unterscheidungen häufig unscharf. Besonders irritierend ist es für am Thema Coaching Interessierte, wenn selbst aus den inhaltlichen Erörterungen zum Coaching nicht klar hervorgeht, ob, inwiefern und wann die Ausführungen das interne oder externe Coaching betreffen.

In unserem Buch konzentrieren wir uns auf das externe Einzel-Coaching im Beruf.

Externes Coaching

Fokus: Externes Einzel-Coaching

„ICH BRAUCHE DRINGEND EINEN COACH!"

Zum Verständnis des externen Coachings

Coaching-Verständnis

Über die Zielrichtung und über das Verständnis von Einzel- und auch Gruppen-Coaching gibt es einen allgemeinen Nenner. Die Ähnlichkeit der Auffassungen erklärt sich zum einen dadurch, dass Ziele und Bedeutung recht allgemein formuliert werden. Zum anderen kristallisieren sich die Unterschiede erst in der praktischen Arbeit heraus. Diese individuellen Nuancen oder, besser gesagt, Akzente entdecken Sie sowohl in jener Literatur, die die praktische Coaching-Arbeit demonstriert, als auch in der praktischen Arbeit der unterschiedlicher Coachs.

Die folgende Übersicht über die verschiedenen Coaching-Formulierungen soll zweierlei leisten: Zum einen gibt sie Ihnen einen Überblick über Ziele und Ansätze in der Coaching-Arbeit und zweitens demonstriert sie, dass die Definitionen tatsächlich wenig differieren.

Unterschiedliche Nuancen des gemeinsamen Nenners

❖ A. Schreyögg deutet Coaching als »eine neue Form der Personalentwicklung«, als »emotions- und problemorientierte Beratungsform«, als »eine umfassende emotions- und problemorientierte Rekonstruktion« mit dem Ziel, »dass der Klient immer umfassender versteht, was ihn bekümmert, um sodann Veränderungen einzuleiten. Darüber hinaus wird der Klient durch übungszentrierte Sequenzen unterstützt, seine Veränderungswünsche zu realisieren.« Insofern meint Coaching die »Förderung beruflicher Selbstgestaltungspotenziale, also des Selbstmanagements«. Das »Persönlichkeits-Coaching« wird so auch im Sinne einer »Karriereberatung« verstanden, deren Anliegen in dem Ausbau individueller und sozialer Gestaltungspotenziale besteht (1995).

❖ H. Rückle sieht im Coaching eine »Begleitung auf Zeit«, die als »Hilfe zur Selbsthilfe« zu verstehen ist. Coaching bietet dabei »ein kompaktes Maßnahmenbündel zur Hilfe bei insbesondere beruflichen, aber, so weit sie den beruflichen Erfolg tangieren, auch privaten Konflikten, Aufgaben und Problemen«. Coaching ist »ein Prozess zur Entwicklung der Persönlichkeit und/oder rollenspezifischer Fähigkeiten und Fertigkeiten«. Dabei ist die »Aufgabe des Coachs nicht, die Probleme des Klienten zu lösen, sondern ihm bei der Lösung seiner Probleme zu helfen. Coaching hat einen interaktiven Verlauf. Beide, der Klient und der Coach, arbeiten miteinander an der Lösung von Konflikten und Problemen, wobei der Klient die Lösungsmöglichkeiten sucht, der Coach den Weg der Suche moderiert und die ausgewählten Möglichkeiten zusammen mit dem Klienten bewertet und anschließend bei der Verwirklichung der ausgewählten Möglichkeiten hilft.« Und: »Im Einzel-Coaching geht es im persönlichen Gespräch darum, Veränderungs- und Selbsterkenntnisprozesse zu ermöglichen, durch Erweiterung der Selbstwahrnehmung das eigene Verhalten durchschaubar zu machen.« (2000)

❖ Th. Holtbernd und B. Kochanek sehen im Coaching eine »Unterstützung der Persönlichkeitsbildung in Arbeitszusammenhängen« (1999).

❖ F. Stowasser und H.-G. Thumm begreifen das Coaching als »Prozess, in dem der Klient die Chance und den Freiraum hat, an alle relevanten Themen tabulos heranzukommen« (1999).

Werte Leserinnen und Leser, Sie werden sehen, dass sich mein Verständnis von Einzel-Coaching weitgehend mit diesen zitierten Verständnisweisen deckt. Individuelle Nuancen und Akzente schildere ich im nächsten Kapitel. Zunächst möchte ich Ihnen einen Eindruck vermitteln von den allgemeinen bzw. häufigsten Anlässen, die einen Coaching-Prozess in Gang setzen.

Allgemeine Anlässe

Anlässe: Konflikte und Weiterentwicklung

Die Durchsicht der Literatur und meine Erfahrungen als Coach ergeben, dass sich die Anlässe oder Gründe, weswegen ein Einzel-Coaching durchgeführt wird, in zwei Kategorien gliedern lassen: in den Bereich des Konflikthaften und in den der Weiterentwicklung. Für beide Anlass-Arten gilt, dass der Coaching-Prozess häufig von dem Klienten initiiert wird und ausdrücklich auf seinen Wunsch hin stattfindet. Es kommt indes auch vor, dass Vorgesetzte dem Klienten einen Coaching-Prozess anraten. In diesem Fall ist es außerordentlich bedeutsam, in einem ersten Gespräch zwischen Coach und Klient abzutasten, inwiefern der Klient innerlich bereit ist, das Coaching als Chance für sich selbst zu interpretieren und zu behandeln.

Konfliktuelles als Thema

Konflikthaftes

❖ *Individuelle Belastungen:* Häufig sind individuelle Belastungen im Arbeitsalltag der Anlass für ein Coaching. Dabei kann es vorkommen, dass die Belastungen schon länger andauern und/oder dass es sich um aktuelle oder längerwierige Krisen handelt. Ich unterscheide zwei Brennpunkte. Ein Fokus lenkt die Aufmerksamkeit auf persönliche Faktoren. Hier dreht sich die Coaching-Arbeit um persönliche Defizite bzw. problematische Muster in der Kommunikation. Sie zeigen sich etwa in der eigenen Arbeitsorganisation, im Verhalten im Team oder in der Führungstätigkeit. Der zweite Fokus visiert situative oder systemische Faktoren an. Zu den situativen zählen der Wechsel des Arbeitsplatzes oder der Tätigkeit im Unternehmen; den systemischen werden beispielsweise interne Umorganisationen oder Fusionen zugeordnet. In beiden Fällen geht es um veränderte Anforderungen an das Verhalten.

❖ *Berufliche Deformationen:* Das ist ein Fachbegriff, der darauf hinweist, dass eine Person zwischen beruflichen und privaten Verhaltensroutinen nicht mehr unterscheidet. Konkret geht es um Einstellungen, Denk- und/oder Verhaltensweisen, die im Beruf sinnvoll und nützlich sind, die jedoch – in den privaten Alltag transferiert – destruktiv oder zumindest störend wirken. (Beispielsweise wenn sich ein Verkäufer auch im Privaten als Verkäufer verhält. Oder eine Krankenschwester, die mit Gesunden so umgeht wie mit Kranken. Oder eine Führungskraft, die im Beruf als »Macher« und Alleinentscheider auftritt – und auch im Privatleben meint, »das Zepter in die Hand« nehmen zu müssen).

❖ *Disstress im Arbeitsalltag:* Dabei kann es sich um verschiedene Arten von Belastung handeln, um Über- oder Unterforderung, Zeitdruck, Anforderungsdruck und/oder um das Sich-gehetzt-Fühlen. Die Belastungen lösen Gefühle des Versagens, Nichts-richtig-Machens aus.

❖ *Ausgebrannt-sein (Burn-out):* Diese psychischen und physischen Erschöpfungszustände rufen negative Haltungen gegenüber der Arbeit und oft auch dem privaten Leben hervor und führen häufig zu Zweifeln an sich selbst bis hin zu einem lädierten Selbstwertgefühl.

❖ *Mobbing:* Mobbingopfer leiden unter dem Gefühl, ausgebootet zu werden und unerwünscht zu sein (was ja oft den tatsächlichen Bestrebungen der anderen entspricht). In diesen Fällen empfiehlt sich, die Kernpersonen oder die Gruppe (das Team, die Abteilung) in ein Einzel-Coaching einzubinden.

Weiterentwicklung als Thema

❖ *Der Wunsch nach persönlicher Weiterentwicklung:* Ein häufiger Grund für Coaching ist der Wunsch, Entfaltungschancen auszuloten, persönliche Stärken weiterzuentwickeln und nach Verbesserungschancen im eigenen Verhalten (sozial, methodisch) zu suchen. Hier geht es insbesondere darum, die persönlichen Neigungen und Potenziale aufzudecken. Oft läuft dieses Bestreben mit folgendem Bedürfnis Hand in Hand.

Weiterentwicklung

❖ *Den Umgang mit sich selbst »verbessern«:* Es geht hier um Veränderungen innerhalb situativ gegebener Variablen. Ziel ist, dass sich der Klient souverän fühlt, etwa durch ein qualitatives Zeitmanagement (das inhaltlich bedingte Prioritätensetzung betont), oder durch das Einüben mentaler Techniken, um die persönliche geistige und psychische Flexibilität zu erhöhen, gelassener zu reagieren.

❖ *Ausgewählte Optimierungsziele im persönlichen Verhalten:* Beispielsweise wird in solchen Fällen die Konfliktfähigkeit ausgebaut oder die Führungskompetenz innerhalb einer Abteilung gefördert.

❖ *Überprüfung des persönlichen Wirkens im Arbeitsalltag:* Insbesondere geschieht dies dadurch, indem Feedback-Mechanismen in die Alltagsroutine integriert werden und somit eine Feedback-Kultur entstehen kann.

In der Praxis des Coaching-Prozesses vermischen sich die Anliegen aus den beiden genannten Kategorien durchaus phasenweise oder es kommt zu wechselnden Schwerpunkten.

Initiator des Coachings

Der/die Vorgesetzte als Initiator

In meiner Arbeit mit Unternehmen kommt es öfter vor, dass der oder die Vorgesetzte eines Klienten diesem ein Coaching empfiehlt. Diese Situation ist für den Coach insofern prekär, als er zu Beginn des Prozesses im Gespräch mit dem Klienten unbedingt aufdecken sollte, inwiefern sich der Klient zu dem Prozess »committen«, das heißt, sich selbst verpflichten und ihn als Bereicherung erleben kann.

Coaching als Förderung – Coaching als Ultimatum

Empfindet der Klient die Aufforderung des oder der Vorgesetzen als Förderung im Rahmen der Personalentwicklung und daher als Auszeichnung, gibt es bezüglich der Selbstverpflichtung keine Schwierigkeiten. Probleme treten dann auf, wenn der Klient die Aufforderung als Ultimatum empfindet. (Manchmal wird es von Chefseite ehrlicherweise so formuliert!) In diesem Fall ist es unabdingbar, die Vorteile eines solchen Coachings herauszukristallisieren und zusätzlich die persönlichen Chancen des Prozesses hervorzuheben. Diese Klärung erleichtert es dem Klienten, sich mit dem Prozess einverstanden zu erklären. Zudem ermöglicht es ihm, das Ultimatum als Chance umzudeuten – oder es abzulehnen.

Der Coach sollte präzise klären, nach welchen Kriterien Informationen zwischen Coach und Klient sowie ihm und Vorgesetzten ausgetauscht werden. Ich bevorzuge hier eine Vereinbarungskultur: Ich teile der Chefin bzw. dem Chef mit, dass ich mich in meiner Weitergabe an das halte, was der Klient mir freigibt – und vice versa.

Formales

Zwischen dem Auftraggeber und dem Coach wird ein formaler oder formloser Dienstleistungsvertrag geschlossen. Dieser regelt in mehr oder weniger ausführlicher Weise Folgendes:

Coaching-Auftrag: Formalia

❖ *Das Prozedere des Coachingprozesses:* Viele Coachs arbeiten ausschließlich mit Sitzungen. Andere, wie ich selbst, beginnen mit so genannten »Schattentagen«. An diesen begleite ich den Klienten während des gesamten Arbeitstages. Ich setze mindestens drei Schattentage an. Je nach Bedarfs- und Ziellage vereinbare ich bis zu zwei Wochen. Den Schattentagen schließen sich »Kurzreflexionen« an. Die erste ausführliche Sitzung nach Beendigung des »Schattenspielens« dauert drei bis vier Stunden. Die anschließenden Sitzungen bewegen sich zwischen 90 und 120 Minuten. (Ausführlich dazu im nächsten Kapitel.)

Coach-Gespräch – streng vertraulich

❖ *Termine für Sitzungen:* Es gibt Coachs, die gleich zu Beginn des Prozesses alle anfallenden (häufig zehn) Sitzungen terminieren. Andere, auch ich, terminieren am Anfang zunächst die ersten zwei bis drei Sitzungen.

❖ *Treffpunkte:* Je nach Arbeitsweise können die Treffen im Unternehmen, in Hotels, in der Praxis des Coachs stattfinden.

❖ *Zeitliche Dauer der Sitzungen:* Je nach Arbeitsweise des Coachs dauern diese gewöhnlich zwischen 45 und 90 Minuten.

❖ *Zielsetzung:* Die Ziele können zunächst nur vage umrissen werden. Ihre Markierung verläuft vorzugsweise anhand thematischer Bestimmungen wie etwa: Führungskompetenz verbessern oder Teamführung optimieren. Denn erst in der Arbeit von Coach und Klient erfolgt die Grundlegung und damit die Möglichkeit, die thematischen Schwerpunkte in Zielaussagen zu zerlegen und sie zu bündeln. Betont sei, dass auch diese Festlegungen prinzipiell Veränderungen unterliegen.

❖ *Zeitlicher Umfang des Coaching-Prozesses:* Manche Coachs definieren zehn Sitzungen a priori als nötig. Andere (auch ich) entscheiden im Verlauf der ersten Sitzungen, wie viele Sitzungen Klient und Coach etwa benötigen.

❖ *Sonderdienstleistungen klären*: Beispielsweise geht es um folgende Fragen. Wie geht der Coach mit kurzfristigen Absagen und Terminverschiebungen, mit Verspätungen um? Berät er auch telefonisch?

❖ *Honorar:* Normalerweise wird in einer Art Kostenvoranschlag skizziert, wie viele Schattentage, Sitzungen und andere Aktivitäten im Rahmen des Coachings nötig sind. Die Kosten pro Art der Leistung sind einzeln auszuweisen. Ich kenne Sonderfälle, in denen mir die Auftraggeber absolut vertrauen. Sie geben ein Budget vor, über das Coach und Klient frei verfügen können.

❖ *Geklärt werden sollten zudem:* Vergütung sonstiger anfallender Aufwendungen, Art der Rechnungstellung und Bezahlung sowie Regelungen für den Ausfall oder die Verschiebung von Sitzungen.

Rechenschaft und Bekenntnisse eines Coachs

„ICH WILL ES MAL ÜBERSPITZT SAGEN:
WIR SUCHEN EINEN COACH, DER WUNDER VOLLBRINGT."

Wesentliche Aspekte im Coaching

In diesem Kapitel stelle ich Ihnen die grundlegenden und wesentlichen Aspekte für den Coaching-Prozess vor. Teilweise entsprechen diese Ausführungen verbreiteten Auffassungen, teilweise gelten sie als meine ganz persönlichen »Bekenntnisse«. Damit Sie sich schnell orientieren und das auswählen können, was Sie vor allem interessiert, gliedere ich das Kapitel in folgende Abschnitte:

❖ Meine Philosophie der Coaching-Arbeit.
❖ Grundlegendes zur Arbeitsweise.
❖ »Handwerkszeug« in der Coaching-Arbeit.
❖ Risiken und »Fallen« (mit denen ein Coach konfrontiert sein kann).

Meine Philosophie der Coaching-Arbeit

Um die Grundeinstellung meiner Arbeit auf den Punkt zu bringen, habe ich bereits in meinem (als Selbst-Coaching les- und bearbeitbaren) Buch »Selbsttraining für Führungskräfte« Galilei mit folgenden Worten zitiert: »*Man kann einen Menschen nichts lehren. Man kann ihm nur helfen, es in sich selbst zu entdecken.*«

Grundeinstellungen und Zielrichtung

Diese Botschaft Galileis erhält im Einzel-Coaching ein besonderes Gewicht. Denn Dreh- und Angelpunkt der Zusammenarbeit von Coach und Klient sind nicht Gehirnwäsche und das Erlernen von Schauspielerei, sondern: gezielte Potenzialentfaltung unter der Federführung des Klienten. Es geht – um ein weiteres Motto meiner Arbeit zu formulieren – darum, *die Wahrscheinlichkeit zu erhöhen zu wissen, was wir warum und mit welchen Wirkungen tun.*

Was heißt das konkret?

Meine Arbeit wird getragen von zwei (weiteren) Glaubenssätzen: *Jeder Mensch lernt das, was er lernen will. Er nimmt das auf, wofür er sich öffnet.* Und: *Jeder Mensch beheimatet die Definition seiner Schwierigkeiten, die Lösungen seiner Probleme und das Potenzial zur Verwirklichung seiner Ambitionen in sich selbst.*

Die erst genannte Überzeugung thematisiert persönliche Neigungen und Präferenzen; die zweite benennt persönliche Fähigkeiten. Darauf bezogen liegt die Aufgabe des Coachs darin,

Rollen des Coachs

❖ Neugier zu erregen, beispielsweise für neue Sichtweisen;
❖ zum Experimentieren mit ungewohnten Perspektiven und Handlungen zu ermuntern.

Hierbei fungiert der Coach als *Initiator* und *Katalysator*. Er inspiriert durch Angebote, Handlungen und Ereignisse aus mehreren Blickwinkeln zu betrachten. Damit bewirkt er, dass der Klient ausgetretene Pfade seines Fühlens,

Denkens und Handelns verlässt bzw. seine gewohnten Deutungsmuster hinterfragt und neue Wege ausprobiert. Außerdem ermutigt der Coach den Klienten, den neuartigen und noch fremden Betrachtungen und Bewertungen von Handlungen und Ereignissen Taten folgen zu lassen. Er markiert Rahmenbedingungen, innerhalb derer der Klient seine tradierten Handlungsmuster aufbrechen und neue Aktionen versuchsweise anwenden kann. (Beispiele zu beiden Aspekten finden Sie im folgenden Kapitel. Ausführungen und Übungen zu diesem Thema finden Sie in meinem oben zitierten Buch sowie in meinem Taschenbuch »Erfolgreich als Führungskraft«.)

Dem bisher Gesagten können Sie bereits entnehmen, dass der Coach im Rahmen der Veränderungsarbeit weitere Aufgaben und Rollen hat, nämlich zu unterstützen und zu moderieren. Beide Funktionen laufen ineinander. Der *Moderator* Coach als *Moderator* sorgt zum einen dafür, dass das Aufdecken des Problematischen oder Veränderungsbedürftigen im Interesse und Wirkungskreis des Klienten verbleibt. Der Coach dirigiert am roten Faden entlang und verhindert, dass der Klient unbeabsichtigt die Richtung wechselt. Er kanalisiert stets zur Person des Klienten und dessen Gestaltungsmöglichkeiten hin und lenkt die Aufmerksamkeit auf das, was den Klienten direkt berührt. Insofern moderiert der Coach sowohl ziel- als auch themenbezogen. Der Coach als *Assistent* *Unterstützer* oder *Assistent* des Klienten hilft diesem dabei, seine Veränderungsziele, Problemlösungen und Wege zu Verbesserungen zu bestimmen. Er tut dies, indem er sich (auch hier) auf den Klienten konzentriert: auf dessen Bedürfnislagen und Neigungen, Fähigkeiten und Fertigkeiten. Er orientiert sich daran, was der Klient mit »Herz und Verstand«, also überzeugtermaßen selbst realisieren möchte. Unterstützung gewährt der Coach inhaltlich, indem er situationsgerecht Wissen vermittelt und in didaktischer Hinsicht die Möglichkeiten einräumt, zu experimentieren und zu trainieren. Zu diesen vier Funktionen oder Rollen des Coach, als

- ❖ Initiator,
- ❖ Katalysator,
- ❖ Moderator und
- ❖ Assistent

im Dienst des Klienten aufzutreten, gesellen sich zwei weitere hinzu, nämlich die des

- ❖ Vertrauten und
- ❖ des Korrektivs bzw. Promotors.

Zahlreiche Autoren, die über das Thema Coaching schreiben, fordern vom Coach, er möge sich nicht ausschließlich als Berater und Partner, sondern als Freund des Klienten verstehen. Da dieser Begriff primäre Bedeutung im privaten Umfeld hat und zudem vielfältige Bedeutungsvarianten aufweist, wähle ich den Begriff des *Vertrauten*. Die erfolgreiche Zusammenarbeit von Coach und Klient bedingt, dass zwischen beiden Akteuren ein Vertrauensverhältnis entsteht. *Ver*trauen in die Aufrichtigkeit des Partners (und bei Klienten zusätzlich: in die Diskretion des Coachs). Das Vertrauen richtet sich auf die Persönlichkeit. Es wächst durch die Art, wie Coach und Klient miteinander umgehen und welche Inhalte sie bearbeiten. Insofern ist zudem wechselseitiges *Zu*trauen nötig. Zutrauen zielt primär auf grundsätzliche Kompetenz. Der Coach traut dem Klienten zu, Veränderungsabsichten zu verstehen und umzusetzen. Der Klient traut dem Coach zu, über Kompetenzen zu verfügen und diese so einzusetzen, dass die Veränderungsarbeit die gewünschten spür- und sichtbaren Folgen nach sich zieht.

Vertrauter

Um einen Coaching-Prozess in Gang zu setzen, geben beide Akteure einen Vorschuss an Vertrauen und Zutrauen. Vertrauen und Zutrauen sind grundlegend. Ohne dieses prinzipielle Wohlwollen oder diese positive Voreingenommenheit kommt kein Coaching aus. Auch nach einem noch so ausführlichen Erstgespräch sind Coach und Klient auf diesen Vorschuss an Vertrauen und Zutrauen angewiesen. Denn der Anteil dessen, was sie in dem Erstgespräch voneinander erfahren, also wissen, nimmt sich im Vergleich zu dem, was sie nicht wissen, gering – um nicht zu sagen kümmerlich – aus. Folglich baut der Start der Zusammenarbeit auf Gespür und Zuversicht, auf Gefühl und Hoffnung auf. Vertrauen und Zutrauen sind psychologische und soziale Kategorien, die uns in Sicherheit wiegen, wo keine ist. Um die Zusammenarbeit überhaupt beginnen zu können, benötigen Coach und Klient diesen vor allem emotional und intuitiv genährten Vorschuss. Zugespitzt formuliert: Sie müssen aneinander glauben. Noch einmal: Dieses Urvertrauen ist »not-wendig«, weil sich der Coaching-Prozess zunächst als kooperative Enthüllungsarbeit darstellt. Sie kreist um die Person des Klienten und bringt daher viel Persönliches zu Tage. Der Klient muss sich dem Coach öffnen und der Coach damit diskret und verantwortungsvoll umgehen. Nur dann hat die Arbeit eine Aussicht darauf, in der gewünschten Weise effektiv zu sein.

Vertrauen als Vorschuss

Der besagte Vorschuss (oder: die Bonität) kann im Lauf der Zusammenarbeit verspielt werden. Etwa durch Indiskretionen oder Lügen. Ist dies nicht der Fall, dann wächst das Vertrauen. Das bedeutet, es wird durch Erkenntnisse und Wissen, Erfahrungen und Erlebnisse genährt. Wird Vertrauen derartig fundiert, festigt es sich und Verlässlichkeit sowie Vertrautheit entstehen. Dies

Vertrauen als Verdienst

ist der Geburtsmoment des Coachs als Vertrautem. Für seine Arbeit ist dabei essenziell, dass er diese Vertrautheit professionell begreift, lebt und den Klienten vermittelt. Das Wesentliche liegt hier in der Beschränkung auf den Rahmen des Coaching-Auftrags. (Schwierige Situationen dazu finden Sie in dem Abschnitt: »Risiken und Fallen«.) Gelingt ihm dies nicht, leidet die Effektivität seiner weiteren Rollen, namentlich die des Korrektivs oder Promotors.

Korrektiv und Promotor   Der Coach fungiert insofern als *Korrektiv* oder *Promotor*, als er dem Klienten klar und deutlich Feedback über Fortschritte, Rückschritte, Stagnationen zu geben verpflichtet ist. Als Referenzrahmen dienen ihm die Vereinbarungen mit dem Klienten. Die Daten des Feedbacks entnimmt er den Schattentagen, Supervisionen (zum Beispiel von Meeting-Auftritten des Klienten), Erzählungen des Klienten und eigenen, darüber hinausgehenden Beobachtungen und Erfahrungen. Alle Daten stehen zur Diskussion. Moralische Beurteilungen soll es aber nicht geben, sie werden als Lieferanten von Sichtweisen behandelt.

Je nach Arbeitsweise übernimmt der Coach zusätzlich die Funktion des Supervisors. Als *Supervisor* begleitet er den Klienten bei der Arbeit. (Dazu gleich ausführlich.)

Zusammenfassung   Die Ausführungen dieses Abschnitts möchte ich nochmals für Sie zusammenfassen: Im Coaching-Prozess geht es darum, vereinbarte Vorhaben und Ziele zu verwirklichen. In seinen sechs Funktionen arbeitet der Coach klientenzentriert. In der Überzeugung, der Klient wisse am besten, was er warum bearbeiten will, fördert ihn der Coach. Seine Bemühungen richten sich darauf, gemeinsam mit ihm in problematische Felder vorzudringen, Veränderungswünsche herauszukristallisieren und diese in Zielformulierungen zu übersetzen. Beide Akteure arbeiten darauf hin, Deutungs- und Handlungsoptionen zu mehren, also eine Vielfalt von Perspektiven, Varietät und Handlungsflexibilität zu eröffnen. In diesen Anstrengungen berücksichtigen Coach und Klient sowohl das Selbstkonzept als auch das Umfeld des Klienten. Auf diese Weise gelingt es, in mentaler Hinsicht die Wahrscheinlichkeit zu erhöhen, dass der Klient weiß, was er warum wie denkt, fühlt und tut. In behavioraler, das Verhalten betreffender Hinsicht gelingt es, die Wahrscheinlichkeit zu erhöhen, dass der Klient die Wirkungen erzeugt, die er erzeugen möchte. Der Coach leistet also Hilfe zur Selbsthilfe.

Grundlegendes zur Arbeitsweise

Gerade in der vertrauensvollen Zusammenarbeit im Einzel-Coaching erleben wir immer wieder, dass sich Aspekte der Person und ihrer Tätigkeit, die von dem Arbeitsumfeld weitgehend unabhängig sind, mit solchen Seiten verflechten, die mit dem Umfeld verflochten sind. Einzel-Coaching ist immer auch Arbeit an der Persönlichkeit oder Identität. Damit meine ich Facetten des Klienten, deren Entstehung und gegebenenfalls Mobilisierung wenig bis nichts mit der beruflichen Tätigkeit zu tun haben (zum Beispiel Konfliktbereitschaft). Von kontextabhängigen Variablen spreche ich dann, wenn persönliche Regungen, Gedanken und Handlungen primär funktions- oder tätigkeitsgebunden sind (zum Beispiel Führungsverhalten).

Umgehen mit privaten und beruflichen Aspekten

Selbstverständlich kann diese Trennlinie nicht strikt gezogen werden. Um aber nicht in psychotherapeutische Sphären zu entweichen und die Coaching-Arbeit zur Psychotherapie umzudefinieren, ist der Coach aufgerufen, die intime/private Dimension zu berücksichtigen und mit der beruflichen zu verknüpfen. Der definierte (Auftrags-)Rahmen kann so in manchen Fällen ausnahmsweise, aber nur vorübergehend verlassen werden. Dies geschieht stets ausschließlich zu Gunsten der vereinbarten Ziele. Sollte das Pendel aber hartnäckig zur privaten Persönlichkeitsseite hin ausschlagen, muss eine grundlegende Zielrevision angesteuert und unter Umständen ein neuer Auftrag erarbeitet werden.

Theoretisches Fundament und Praxis

Vielleicht konnten Ihnen die bisherigen Ausführungen einen Eindruck davon vermitteln, wie vielfältig und vielseitig Coaching-Arbeit ausfällt. Diese immense Bandbreite empfiehlt ein ebenso breites Spektrum des professionellen Repertoires. Dieses Repertoire besteht aus Annahmen und Haltungen sowie aus Methoden und Modellen. An dieser Stelle möchte ich Sie zunächst mit meinen eigenen fundamentalen Einstellungen bekannt machen.

Professionelles Repertoire des Coachs

In meiner Arbeit gehe ich vom humanistischen Menschenbild aus, das Lernkompetenz und Lernneugier hervorhebt. In erkenntnistheoretischer

Menschen erschaffen ihre eigene Wirklichkeit

Sicht habe ich mich der Leitidee verschrieben, die aus der konstruktivistischen und funktionalistischen Betrachtung der Geschehnisse in der Welt herrührt: *Jede Tatsache (»Tat-Sache«) ist ein Konstrukt, das heißt ein Resultat von Deutungs- und Handlungsprozessen.* Diese Prozesse gehorchen einer subjektiven Auswahl und Funktionalität. Insofern unterscheide ich in meiner Arbeit nicht »wahr und gelogen«, nicht »richtig und falsch«, sondern funktional. Hier differenziere ich nochmals, und zwar zwischen disfunktional als unpassend, kontraproduktiv/destruktiv, als dem Interesse abträglich und eufunktional als passend, produktiv/konstruktiv, als dem Interesse dienlich. In meiner Arbeit suche ich mit dem Klienten folglich nach eufunktionalen Maßnahmen und Lösungen. Durch Fragen und Diskussion schälen wir das heraus, was wünschenswert und angemessen ist.

Jeder Mensch agiert und reagiert: beeinflusst und wird beeinflusst

Eine weitere, dritte Grundlage meiner Arbeit bildet die systemtheoretische Annahme: *Jeder Mensch lebt in einem Umfeld, das ihn beeinflusst und das er seinerseits beeinflusst.* Es besteht eine Beziehung wechselseitiger Mitgestaltung. Dostojewski sagt: *»Jeder ist an allem Schuld«.* Ich behandle den Klienten als einen Akteur, der sein Umfeld (mit)prägt und der seinerseits prägenden und steuernden Umgebungsfaktoren ausgesetzt ist. (Ich greife diesen Gedanken der Wechselwirkung und ganzheitlichen Perspektive weiter unten noch einmal auf.)

Der Coach nutzt verschiedene Modelle und Methoden

Ein Coach sollte außerdem auf einer großen Klaviatur von Modellen und Methoden spielen können. Dies erscheint mir wichtig, da Klienten Individuen sind, also verschiedenartig behandelt werden müssen. In diesem Zusammenhang eröffnen verschiedene Zweige der Psychologie Möglichkeiten, auf den Klienten zuzugehen und mit ihm zu arbeiten.

Um einige Beispiele zu nennen: Ich habe Klienten, deren Selbstwertgefühl derartig labil ist, dass ich umsichtig und »weich« (ich nenne es »quasi-therapeutisch«) auf sie zugehen muss; in einer ähnlichen Vorgehensweise wie in der Gesprächspsychotherapie. Andere muss ich stärker über paradoxe Interventionen provozieren. Wieder andere Klienten formulieren in sehr verschlüsselter, also symbolisierender Sprache, sodass ich die Symbolik von Märchen, Sagen, Fabeln und Ähnliches verwende und Anleihen bei der Tiefenpsychologie mache. Als ein letztes Beispiel nenne ich Ihnen Klienten, denen ihr eigenes Verhalten erst dadurch zugänglich und verstehbar wird, indem wir es sozialpsychologisch erhellen und Handlungsweisen in der Wechselwirkung mit dem Verhalten anderer betrachten.

Ein Modell- und Methoden-Mix kommt, so meine Überzeugung, Coach und Klient zugute. Der Coach beweist Flexibilität im Deuten, Denken und Intervenieren; der Klient gewinnt eben diese dazu.

Geheimer Lehrplan

Das theoretische und methodische Wissen sollte ein Coach nicht dazu benutzen, Macht oder Herrschaft zu inszenieren – in der Form eines geheimen Lehrplans. Mit einem geheimen Lehrplan zu hantieren bedeutet, die Karten nicht offen auf den Tisch zu legen, Versteck zu spielen und an einer Nebelschwaden erzeugenden (methodischen, didaktischen und rhetorischen) Maschinerie zu drehen. Alles mit der Absicht, klare Sicht und Luzidität zu verhindern. Der Coach als Guru, der weiß, was für seinen Schützling das Beste ist – egal, was dieser dazu meinen könnte.

Macht im Coaching: Der geheime Lehrplan

Verfolgt der Coach einen geheimen Lehrplan, verstößt er gegen das Gebot der Partnerschaftlichkeit in der Coach-Klient-Beziehung; gegen das Vertrauen in seine Aufrichtigkeit und gegen die Norm, den Verstehenshorizont des Klienten gemäß der Strategie der Hilfe zur Selbsthilfe zu erweitern. Diese Vorgehensweise ließe die Devise »Hilfe zur Selbsthilfe« zur Leerformel verkümmern. Damit habe ich einen vierten, in diesem Fall *ethischen Grundsatz* formuliert. Max Weber, ein großer Soziologe des 20. Jahrhunderts, sprach von der »Entzauberung der Welt« und Immanuel Kant von der »Entlassung aus der selbst verschuldeten Unmündigkeit« mit Blick auf die Aufklärung. Meine Philosophie und mein Ethos als Coach gebieten mir, diese Art intellektueller, emotionaler und interaktiver Klarheit anzustreben – sowohl in meiner begleitenden als auch in meiner katalysierenden Funktion.

Gemäß meiner Überzeugung verantwortungsvoller Coaching-Arbeit versteht es sich von selbst, Transparenz herzustellen. Der Coach erläutert dem Klienten, warum was wie und mit welchen angestrebten Wirkungen und Zielen bearbeitet wird. Er räumt ferner wahrscheinliche Nebenwirkungen, ungewollte und gewollte, ein. Mein Anspruch, der Klient soll stets im Bilde sein und ungetrübten Einblick haben, speist sich aus dem Ethos grundsätzlicher Gleichwertigkeit sowie dem des verantwortungsvollen Umgangs mit Vertrauen. Zudem ist mir meine Arbeitsphilosophie nicht nur Ziel, sondern auch Weg zum Ziel. Sie beweist sich in der Anwendung – und auf diese Weise trage ich auch meinem Bestreben Rechnung, als Rollenmodell nützlich sein zu können.

Die Meta-Funktion des Coachs

In meiner Trainings- und Coaching-Arbeit durfte ich zu meiner großen Freude häufig das Feedback hören: »Das, was Sie erzählen, nimmt man Ihnen ab, weil Sie es vorleben.« Die exponierte Funktion in Training, Beratung und – noch sensibler – im Coaching erlegt es dem Coach auf, sich weitestgehend vorbildhaft zu verhalten. Damit meine ich, dass sein Verhalten geeignet ist, als Vorlage oder Modell für andere Personen zu dienen, die sich an ihm orientieren möchten. Diese Norm stilisiert den Coach ebenso wenig zu einem Übermenschen wie sie ideale Anforderungen an ihn stellt. Was ich von einem Coach verlange, ist professionelles Verhalten. Dies schließt Fehler, Missgeschicke und dergleichen nicht aus. Es geht weniger um Perfektion als um die Frage: Wie geht der Coach mit Fauxpas um. Was macht er beispielsweise, wenn er eine deplatzierte Frage stellt oder eine harte Bemerkung macht, wider besseren Wissens und aus Ungeduld. Um es kurz zu machen: Unterläuft ihm solch ein Fehltritt, sollte der Coach dies zugeben, sobald er es bemerkt, um Entschuldigung bitten und korrigieren. (Siehe dazu auch S. 48ff. »Risiken und Fallen«.)

Wissen, Intuition, Gefühl und Feedback

Alles Erwähnte suggeriert, der Coach wisse ausnahmslos, welche Intervention er aus welchen Gründen wählt. Selbstverständlich sollte der Coach stets sein auf Wissen und Erkenntnis basierendes Instrumentarium verfeinern, erweitern und anwenden. Gleichzeitig gilt: Ein Coach gehört der menschlichen Spezies an. – Also arbeitet auch er mit intuitiven Inspirationen und mit Gespür, also Gefühl. Ihm fällt beispielsweise »plötzlich« eine Frage oder ein Experiment ein, ohne dass er in dem Augenblick das Woher und Warum begründen könnte. Oder, um ein weiteres Beispiel zu nennen, er »spürt«, dass mit dem Klienten »irgendetwas nicht stimmt«, sich an seiner Haltung »irgendetwas geändert hat«, ohne dass er dem Klienten genau die Indizien für seinen Eindruck angeben könnte.

Wissen und Intuition

Diese Wirkung von Intuition (auf Wissen, Erkenntnissen, Erlebnissen beruhende Ahnung) und Gefühl reift mit der Erfahrung. Das hört sich banal an, ist indes kein Automatismus. Die Sensibilisierung für nonverbale Zeichen und »Schwingungen« hängt zunächst einmal davon ab, wie sehr es dem Coach am Herzen liegt, die traditionellen Kommunikations-Medien zu transzendieren und immaterielle, nicht nachweisbare Weisen des Sendens und Empfangens in der Interaktion zu empfinden, zu begreifen und zu nutzen. (Modi der traditionellen verbalen und nonverbalen Kommunikation sind vor allem: Sprache, Bilder, Gestaltung, Musik, Formeln, Gestik, Mimik, Motorik, Atmung, Redetempo, Wortwahl, Stimmführung.) – Inwiefern die Intuition ausgebildet wird, hängt davon ab, ob man wirklich empathisch sein möchte, also bereit ist, sich in den anderen einzufühlen und sich in seine Situation hineinzudenken. Diese mentale und emotionale Fähigkeit zeigt sich auch daran, ob und inwieweit der Coach Freude fühlt, wenn der Klient erleichtert feststellt, das der Coach genau das äußert, wozu ihm selbst der Mut bisher fehlte oder was er zwar in sich spürte, aber nicht in Worte kleiden konnte.

Intuition ausbilden

Eine zweite grundlegende Komponente in der Ausbildung dieser Sensibilität und Wachheit liegt meines Erachtens in der Bereitschaft des Coachs, sein eigenes Verhalten kritisch zu reflektieren. Er kann dies im Zuge einer selbstständigen Qualitätskontrolle tun. Er kann beispielsweise selbst einen Coach beauftragen, um mit ihm das persönliche Verhalten unter die Lupe zu nehmen. Oder er kann Feedback von Klienten, Kollegen sowie von Auftraggebern einholen. Die gleichen Möglichkeiten kann er im privaten Bereich nutzen. All dies hilft ihm dabei, die Palette seines eigenen Wirkens kennen zu lernen und gegebenenfalls auszukundschaften, an was er arbeiten sollte, um die Trefferquote emotionaler und intuitiver Eingebungen zu erhöhen.

Bereitschaft zu kritischer Reflektion und Lernen

Direktive und non-direktive Führung

Non-Direktive Gesprächsführung

Da der Coach nicht seine, sondern die Bedürfnisse und Ziele des Klienten im Blick hat, stimme ich der verbreiteten Auffassung zu, den Dialog prinzipiell non-direktiv anzulegen. Das heißt: Der Coach »assistiert« seinem Klienten und fördert ihn, damit in erster Linie er zum Zuge kommt. In der praktischen Arbeit bedeutet non-direktiv zweierlei:

❖ Erstens bezeichnet es die Methode der freien Assoziation. In diesem Fall lädt der Coach den Klienten ein, alles auszusprechen, was er gerade denkt und fühlt. Dieses Verfahren der psychoanalytischen Therapie lässt sich meines Erachtens nur selektiv anwenden, insbesondere wenn es darum geht, ein Gefühls- und Gedanken-Chaos in Worte zu kleiden, es zu ordnen bzw. ihm durch Interpretation das Wesentliche zu entlocken.

❖ Zweitens bedeutet non-direktiv in einer etwas abgeschwächten Form: Der Coach überlässt es weitgehend dem Klienten, Themen zu definieren und zu vertiefen. Er selbst übt sich vor allem in Empathie und aktivem Zuhören. Er nimmt auf, was der Klient äußert, knüpft daran an und steuert auf diese Weise »sanft«.

Chance und Risiko

Diese Art der Gesprächsführung kommt aus der Gesprächspsychotherapie. Sie verleiht dem Klienten dirigierende Macht und einen hohen Grad an Selbstbestimmung. Einerseits trifft dies mit ethischen und fundamentalen Haltungen im Coaching zusammen, etwa mit der Überzeugung, jeder Mensch wisse am besten, was ihm fehlt, was er braucht und tun muss. Andererseits ist es ein kardinaler Fehler zu übersehen, dass der Klient in der Regel dazu neigt, Themen oder Erfahrungen, die ihn mit Scham oder anderen unangenehmen Gefühlen berühren, auszuweichen bzw. diese schleunigst zu verlassen. In diesem Fluchtverhalten entfalten Klienten einen erstaunlichen Erfindungsreichtum. Ihre Themenwechsel sind dann ebenso kreativ wie verdächtig. Dies ist der Moment, in dem der Coach abwägen muss, von dem non-direktiven Interaktionsstil abzuweichen und direktiv zu steuern.

Direktive Gesprächsführung

Direktiv heißt: die Richtung klar vorgeben, lenkend intervenieren. Der Coach steht in der Verantwortung, vom Klienten gewünschte und mit ihm vereinbarte Zielrichtungen einzuschlagen und Resultate zu verwirklichen. Um dieser Verpflichtung im Dienste des Klienten nachzukommen, muss er – individuell und situativ – den Mut zum Dominieren oder Steuern aufbringen können. Nicht ultimativ und auch nicht befehlend, sondern optional und die Gründe, Funktionen und Ziele erklärend. Direktiv zu intervenieren ist meistens ein Balanceakt. Die Entscheidung, wann es sinnvoll ist, so zu handeln, fällt der Coach, indem er die Situation ganzheitlich betrachtet. Anders gesagt: Ob er drastisch interveniert oder nicht, muss er genau abwägen. Er muss sich fragen, welchen Stellenwert und welche Bedeutung der Eingriff sowie das vermutliche Ergebnis im Zusammenhang mit der Gesamtsicht einnimmt, das bis dato erarbeitet und zukünftig zu verwirklichen ist.

Überlegungen zur Anwendung

Philosophie und Pragmatismus

Die Frage nach dem Interventionsstil keimt in der Relation von Philosophie und Pragmatismus wieder auf. Coachs tragen in sich häufig das Selbstkonzept, unparteiischer, neutraler Beobachter und Frager aus der Meta-Ebene zu sein. Sie überblicken, so das Selbstbild, die gesamte psychische, soziale und handlungsrelevante private und berufliche Landschaft aus der Vogelperspektive. Sie halten sich für Eulen: Sie sehen dann, wenn andere nichts sehen, erkennen Dinge, die andere nicht sehen, und üben sich in Wissen und Weisheit.

Ideales Selbstbild des Coachs

Lassen Sie uns, werte Leserinnen und Leser, auf die Debatte verzichten, inwiefern dieser Ansatz als ausnahmslose Haltung des Coachs fragwürdig ist. Nehmen wir stattdessen den Grundgedanken und wenden ihn konstruktiv. Das Fazit dieser Wende können wir so formulieren: Thematisch bezogene grundsätzliche Betrachtungen, philosophierendes Sinnieren, sorgloses Nachdenken und Schweifenlassen von Gedanken, Bildern und/oder Gefühlen entführen zu neuartigen Landschaften und Panoramen.

Diese helfen, Muster, Traditionen oder Gewohnheiten in Fühlen, Denken und Handeln zu entdecken (Diagnose); ermöglichen, zu verstehen (Klärung) und Alternativen zu finden (Therapie, Aktion). Auf diese Weise tragen sie dazu bei, die persönliche Flexibilität und die Vielfalt an Optionen im Denken und Handeln zu erweitern. Kurzum: Wenn der Coach den Klienten dazu inspiriert, sich in lockerer Gedankenfolge mit Grundthemen zu beschäftigen, kann dies durchaus effektiv sein. Auch wenn sich der »return on investment« nicht sofort einstellt.

Aber eben: Dies ist nicht immer, das heißt in jeder Situation effektiv! Die Eule sollte von ihrem Baum hinuntergleiten, wenn sie sieht, dass sie am Boden mehr bewirken kann als durch das Beobachten vom Wipfel aus.

Exkurs: Das ideale Selbstbild des Coachs

Dieses Selbstbild hat inzwischen selbst die Zunft der Psychotherapeuten überwunden. Bereits Einsteins Relativitätstheorie und Heisenbergs Unschärferelation, geschweige denn die neuere Systemtheorie oder der Konstruktivismus, weisen darauf hin, dass der Beobachter stets selbst Systemelement, also Akteur ist und Wirkungen im Beobachtungsfeld hervorruft. Ob er das nun will oder nicht.

Nun, berufliches Einzel-Coaching steckt im deutschsprachigen Raum noch in den Kinderschuhen und stolpert trotz seiner Anleihen aus der Psychotherapie in der kritischen Selbstbetrachtung noch hinterher. Das mag damit zusammenhängen, dass diejenigen Coachs, die Berufspersonen betreuen, mehrheitlich ihre Identität noch suchen. Gegenwärtig leben sie ein Paradoxon: Viele entnehmen dem psychotherapeutischen Repertoire methodische und didaktische Anregungen. Gleichzeitig fühlen sie sich der etymologischen Herkunft des Begriffs Coach, nämlich der des Kutschers bzw. dem Sport-Coach nahe. Kutscher und Sport-Coach gebärden sich aber (anders als der aufgeklärte Psychotherapeut) als von außen einwirkende Impulsgeber.

Ich weiß, ich bin hier etwas polemisch. Aber wie in jeder Polemik, so steckt auch in diesen Worten ein ernsthaftes Anliegen. Und ich will fair sein. Es gibt Coachs, die um ihre Bezogenheit auf Klienten und die damit verbundenen (gerade auch: nicht intendierten) Wirkungen wissen und sie in ihrer Arbeit berücksichtigen. Breitenwirkung genießt dies leider noch nicht.

Fakt ist, dass das zuerst genannte idealisierte Selbstbild den weit verbreiteten Glauben gebiert, in direktiver und pragmatischer Hinsicht Abstinenz üben zu müssen. Der Coach sollte sich darauf beschränken, Fragen zu stellen, zuzuhören, zu entlarven, und diagnostizierendes Sinnieren anregen. Er soll darauf verzichten, pragmatische Antworten, gar Empfehlungen zu formulieren.

Der Coach sollte sein Selbstkonzept der empirischen Realität anpassen oder, schlicht gesagt: ehrlich sein. Er nimmt sich zwar vor, grundlegend und vor allem aus der Meta-Perspektive zu agieren und unparteiisch sowie enthaltsam (was Ratschläge betrifft) zu sein. Er begreift sich aber auch als Protegé seines Klienten und das wiederum schließt pragmatische Interventionen mit ein. Die praktische Coaching-Arbeit kann erfordern, dass der Coach direkt in den Prozess eingreift und sogar Empfehlungen ausspricht. Er diktiert diese aber nicht, sondern er offeriert Wahlmöglichkeiten. Diese werden mit dem Klienten ausführlich diskutiert, genauso wie ihre Funktion, wahrscheinliche Konsequenzen, ihre Chancen und Vorteile sowie Risiken und Nachteile. Manchmal allerdings liegen Angelegenheiten einem Klienten derart dringlich am Herzen, dass sie umgehend behandelt werden müssen. Dann kann es vorkommen, dass der Klient den Coach spontan anruft und ihn um Rat bittet. Es gibt also Situationen, in denen schlicht die Zeit fehlt, die drängende Angelegenheit ausführlich zu besprechen und das übliche Prozedere der (zugegebenermaßen recht aufwändigen) Erarbeitung eufunktionaler Alternativen zu durchlaufen. Unter solchen Bedingungen darf der Coach, so meine Ansicht, in Kenntnis seines Klienten und dessen beruflicher Einbettung Empfehlungen aussprechen.

Realistisches Selbstbild und pragmatisches Agieren

Erfahrungen in der
Coaching-Praxis

Solange dies ausnahmsweise geschieht, sehe ich keinen Widerspruch zu den eingangs formulierten Grundansichten verantwortungsvollen Coachings. Es handelt sich um pragmatisch geleitete »Spots«, um Ausnahmen, nicht um das ganze Programm. Meine eigene Erfahrung zeigt zweierlei. Zum einen hat das idealisierte Selbstbild in der Praxis keine Chance. Zum Zweiten lässt die Bereitschaft zu besagten Ausnahmen das Ver- und das Zutrauen des Klienten zum Coach wachsen. Das Abweichen vom Prinzip deuten sie als »wider-willige«, gleichzeitig aber als progressive Maßnahme. Sie nehmen dem Coach ab, dass ihm das Wohlergehen und der Erfolg des Klienten ein Anliegen ist. Das Zutrauen in die Kompetenz wird genau durch diese Bereitschaft, »in die Bresche zu springen, wenn es brennt«, gestärkt. Beides kommt der weiteren Arbeit zugute: Der Klient »weiß«, dass das manchmal als orakelhaft oder sibyllinisch anmutende Fragen und Kommentieren des Coachs von Kompetenz und Zieltreue getragen ist und also Sinn macht. Außerdem schätzen Klienten »Holprigkeiten« im Coaching-Prozess zuversichtlich ein und akzeptieren sie als nötige Schritte im Vorankommen.

Zwei Ansätze im Einzel-Coaching

In der Literatur zum Einzel-Coaching dominiert eine Ablauf-Routine: Coach und Klient treffen sich zu vereinbarten Terminen zu etwa einstündigen Sitzungen. Meines Erachtens kommt dabei allerdings das Umfeld, genauer gesagt: der Klient in seiner Beziehung zu seinem Arbeitsumfeld zu kurz. Denn der Coach verlässt sich (ich resümiere das Gros mir bekannter Literatur) auf Informationen, die er aus offiziellen Quellen, wie etwa Geschäftsbericht, Organigramm, PR-Material sowie auf Informationen, die er vom Klienten erhält. Allesamt also Secondhand-Informationen.

Informationsbasis für das Coaching

   Es wird Sie nicht überraschen, dass meine Arbeitsweise über eine derart begrenzte Sitzungskultur hinausgeht. Ich habe bereits darauf hingewiesen, dass die Coaching-Arbeit nicht »den Klienten selbst«, also seine Persönlichkeit unabhängig vom konkreten Aktivitätsfeld zum Gegenstand kürt. Deshalb kann sie sich normalerweise auch nicht auf dessen Aussagen (und auf offizielle Unternehmensdaten) beschränken. Coaching nimmt seinen Ausgang vom Klienten, kreist um ihn und speist Informationen ein, die außerhalb der unmittelbaren Interaktion von Coach und Klient gewonnen sind. Diese Informationen bezieht der Coach aus dem Umfeld, in das der Klient eingebettet ist. Der Coaching-Prozess muss den Klienten in seinem spezifischen beruflichen Umfeld »sehen«. Und zwar direkt und unvermittelt. Mir ist es in meiner Funktion als externer Coach, der neutral zur Kultur des Unternehmens und seinen Subkulturen steht, daher ein Anliegen, sowohl Einblick in die kulturellen Gegebenheiten und Gepflogenheiten zu erhalten als auch den Klienten bei der Arbeit zu erleben.

Secondhand genügt nicht!

Mitlaufen des Coachs

   Die offiziellen Informationen sind eine Quelle – in der Regel aber nicht die wichtigste. Aussagekräftiger sind alle Informationen, die ich via Interviews, teilnehmender Beobachtung, »Feldforschung« und Supervision erhalte. (Bei diesen handelt es sich um qualitative Methoden insbesondere aus der Sozialforschung. Die Supervision hat ihren Ursprung im psychotherapeutischen Raum, in Sozial- und Gesundheitsberufen.) Ich schildere Ihnen jetzt, wie ich diese methodischen Konzepte in meine Arbeit integriere.

Methoden im Coaching

Schattentage

Nach dem Erst-Gespräch vereinbare ich mit dem Klienten so genannte Schattentage. Je nach Coaching-Anlass sind das drei bis zehn Tage. An diesen Tagen »spiele« ich Schatten: Ich begleite den Klienten (mit Ausnahme eines gewissen Örtchens) überallhin. Ich beobachte ihn bei der Schreibtischarbeit, höre seine Telefonate, bin bei Besprechungen mit internen und externen Kunden anwesend. Während dieses Schatten-Daseins verhalte ich mich in der Regel ruhig, lasse den Klienten weitgehend unbehelligt seine Arbeit tun. Ich unterbreche seinen Arbeitsfluss nur dann, wenn ich den Eindruck habe, sofort etwas erfahren zu müssen, um es zu verstehen (etwa mit wem er gerade so angespannt telefoniert hat). Häufig notiere ich Unverständliches und bitte erst am Ende des Tages um Auskunft. Dieses Fließenlassen ist meiner Meinung nach unbedingt erforderlich. Nur so kann der Klient meine Präsenz schnell vergessen und verhält sich in der Dynamik seiner gewohnten Muster (die ja Gegenstand unserer Arbeit sind). Um diese Absicht, ignoriert zu werden, zu unterstützen, platziere ich mich im Raum so, dass ich leicht übersehen werde. Wenn möglich, sitze ich im Rücken des Klienten und bleibe auch, wenn er herumläuft bzw. sich stehend mit anderen Personen unterhält, hinter ihm. Zum großen Erstaunen vieler Klienten – und meiner Erleichterung – vergessen sie mich wirklich binnen kurzer Zeit!

Der Abschluss eines Schattentages fällt unterschiedlich aus. Je nachdem, wie ich die Bedeutung der Ereignisse des Tages für den Klienten und den Grad seiner Erschöpfung einschätze, lasse ich mir noch in einer »Blitzlicht-Revue« schlaglichtartig mitteilen, wie der Klient was erlebt hat. Häufig stelle ich Fragen, die sich auf bestimmte Ereignisse beziehen. Es kommt aber auch vor, dass wir das »Blitzlicht« unterlassen. Gewöhnlich treffen wir uns nach dem dritten Schattentag für eine ausführlichere Reflexion. Diese Sitzung dauert dann drei bis vier Stunden. In ihr arbeiten wir die Themen auf, die sich aufgrund meiner Beobachtungen und der Geschehnisse während der Mitlaufzeit manifestiert haben. Diese Aufarbeitung führt dazu, dass Coach und Klient im Erst-Gespräch definierte Ziele überprüfen und gegebenenfalls neue Anforderungen und Ziele formulieren. (Diese Feedback- oder Revisions-Schlaufen wiederholen wir während des Coaching-Prozesses mehrmals.) – Mehr zu den Schattentagen finden Sie im nächsten Kapitel als Vorbereitung auf die erste Coaching-Sitzung.

Supervision von Meetings, Mitarbeitergesprächen und Teamsitzungen

Die Schattentage gewähren mir einen Einblick in den Alltag und das routinierte Verhalten des Klienten in seinem Arbeitsumfeld. In der Supervision von Meetings und Gesprächssitzungen lerne ich sowohl Meeting- und Kommunikationskulturen kennen als auch Verhaltensweisen des Klienten in für ihn herausgehobenen Situationen. Dazu gehört auch das Mitarbeitergespräch, das primär Auskunft gibt über die Beziehung zwischen Führungskraft und Mitarbeiter sowie über sein Führungsverhalten. Ich möchte nochmals betonen, dass all diese sowie die noch zu nennenden Maßnahmen ausnahmslos mit dem Einverständnis des Klienten erfolgen.

Der Coach wohnt Besprechungen bei

Interviews und Befragungen

Ich interviewe in der Regel einzelne Personen, wie etwa Vorgesetzte, Kollegen, Mitarbeiter. Mit der Befragung ziele ich auf schriftliche Befragungen von Mitarbeitern und/oder Teamkollegen, die parallel zu den Interviews stattfinden oder diesen folgen. Je nach Lage der Dinge erfolgt die Verarbeitung der diversen mündlichen und schriftlichen Befragungen anonym oder nicht.

Der Coach interviewt Personen mündlich und schriftlich

Interviews und Befragungen führe ich dann durch, wenn es für die anvisierten Veränderungsziele relevant ist zu erfahren, wie der Klient von anderen Personen bzw. Gruppen wahrgenommen wird. (Etwa wenn es um Aspekte im Führungsverhalten geht.)

Moderation

Insbesondere die Themen »effektive Teamführung«, »Entwicklung eines Teams« oder »Teamgeist« können den Klienten motivieren, mich zu bitten, eine Abteilungs- oder Teamaussprache zu moderieren. Wir bereiten uns darauf vor und bearbeiten das dort Geschehene selbstverständlich gemeinsam nach. Häufig flechten wir in die Moderation ein, die Beteiligten anzuregen, sich zu bestimmten Maßnahmen zu verpflichten (Commitments einzugehen). Dies überschreitet zwar strikte Moderation. Andererseits assistiere ich meinem Klienten dabei, zielorientiertes Arbeiten für die Zeit zu fördern, die auf eine Moderationssitzung folgt.

Der Coach moderiert Meetings

Sie sehen, liebe Leserinnen und Leser, ich nähere mich dem Klienten in der Coaching-Arbeit aus verschiedenen Richtungen. Die skizzierten Aktivitäten wähle ich situativ und bedarfsbezogen. Schattentage gibt es immer, allerdings nach Zahl und Intervallen individuell.

Erlauben Sie mir, diese Ausflüge, die ich als Coach in das Arbeitsumfeld meiner Klienten unternehme, ausführlich zu begründen: Meines Erachtens ist es sinnvoll, den personellen und kontextuellen Kreis auszuweiten, und nötig, ja sogar ein Muss verantwortungsvollen Coachings. Denn: Das Fühlen, Denken und Handeln des Klienten findet in konkreten Zusammenhängen (Situationen, Rahmenbedingungen) statt. Das Verhalten wird davon beeinflusst, gleichermaßen wie es selbst diese mitgestaltet. Da wir es folglich mit einer Beziehung zu tun haben, die sich durch wechselseitige Prägung auszeichnet, können wir die Abläufe, Eigenheiten und Muster des Klienten nur eingebettet in ihrem Umfeld nachvollziehen und verstehen.

Ferner: Coaching ist eine Unterstützung dafür, sich im beruflichen Umfeld adäquater zu bewegen (was immer das in der konkreten Situation genau heißt). Die Auswirkungen der Coaching-Arbeit sollen sich – so Anlass und Ziel – innerhalb eines bestimmten Handlungs- und Aufgabenrahmens bewähren. Dafür muss Coaching handlungs- und zielrelevante Arbeit leisten. Dies wiederum bedingt, dass das Umfeld des Klienten in den Coaching-Prozess einbezogen wird. Erzählungen des Klienten sowie formale Informationen über das Unternehmen und seine Teilbereiche offenbaren jeweils nur eine Perspektive. Sie sind »gefiltert« und stets im Zusammenhang mit ihrer Entstehung, Deutung und Verarbeitung von Interessen geleitet. Also hochselektiv und parteiisch.

Der Klient muss sich im Alltag bewähren

Der Gesamtzusammenhang besteht indes aus weiteren Puzzleteilen. Für den systemisch oder ganzheitlich denkenden und arbeitenden Coach gilt es folglich, möglichst viele Teilchen – und damit Einflussgrößen – zu kennen. Denn, wie gesagt, zwischen System und Umfeld, zwischen Klient und Aktivitätsraum finden Wechselwirkungen statt, und zwar in Form von Beeinflussungen, Anforderungen und Erwartungen. Gestalttheoretisch gesprochen: Die Figur (der Klient) wird nur vor seinem Hintergrund (das Aktionsfeld) erkennbar und sein Verhalten nachvollziehbar. Der Coach ist angesichts dieser Figur-Hintergrund-Konfiguration gefordert zu identifizieren, was exakt im Vordergrund steht und welche Konsequenzen dies nach sich zieht. Je mehr der Coach über den Hintergrund oder das System (bzw. die Sub-Systeme), auf dem bzw. in dem sich der Klient bewegt, in Erfahrung bringt, desto fundierter, umfassender und zielbezogener kann er den Klienten unterstützen.

Der Coach benötigt Systemkenntnis:
• Akteure
• Sichtweisen, Wünsche
• Beziehungen und
• deren Dynamik

Um Ihnen einen Eindruck von den Komponenten zu geben, auf die der Coach ein Augenmerk richten sollte, nenne ich nun die wesentlichen. Dass der Coach die nonverbalen und verbalen Kommunikationsweisen sowie die Handlungen des Klienten beobachten sollte, versteht sich von selbst. Das Gleiche gilt für Personen, mit denen er interagiert. Der Coach sollte ferner auf alle ihm zugänglichen unternehmenskulturellen Daten achten, die sich als mitbestimmend für das Klientenumfeld sowie -verhalten erweisen. Dazu gehören: explizite, manifeste und implizite, latente formelle wie informelle Normen, Werte und Regeln. Es ist zu prüfen, welche von ihnen gelten, welche von ihnen im Handeln befolgt werden und welche Funktionen sie erfüllen. Der Coach sollte Normen und dergleichen stets auch auf Kongruenz und Divergenz von gewollt/nicht-gewollt, von Soll oder Wunsch und Ist oder Tatsächlichkeit beleuchten. Außerdem geben Redewendungen, Witze, Geschichten, Anekdoten usw. Auskünfte über Wertvorstellungen und Präferenzen, Einstellungen und Erfahrungsinhalte. Einen guten Einblick in Kultur und Klima gestatten zudem Kommunikationsstile und Kooperationsverhalten. Dazu zähle ich auch, auf welche Weisen Wert- und Geringschätzung sowie interne und externe Kundenorientierung gelebt werden. Neben strukturellen und organisatorischen Regularien, die das Führungshandeln und die Zusammenarbeit mitbestimmen, sollte sich der Coach auch um konkrete Anhaltspunkte kümmern, die über Aspekte der Führungs- und Mitarbeiter-Philosophie sowie darauf bezogene Rollenzuschreibungen und Anforderungen informieren.

Wesentliche unternehmenskulturelle Aspekte

Diese Ausführung ist nicht erschöpfend, umreißt aber das Wichtigste. Die Aufgabe des Coachs ähnelt hier den Funktionen des Kulturmanagers (vgl. dazu mein Buch »Selbsttraining für Führungskräfte«). Die spezielle Anforderung an den Coach besteht darin, die Vielfalt der Informationen zum Klienten in Bezug zu setzen. Er muss die Masse und Verschiedenartigkeit der Informationen selektieren, um den Coaching-Prozess voranzubringen.

Zwei Coaching-Ansätze fasse ich nun nochmals zusammen: Ein Ansatz sieht ausschließlich Einzelsitzungen vor. Coach und Klient arbeiten in Form des Dialogs und allein. Der zweite Ansatz bereichert die Sitzungen um Ergebnisse aus Aktivitäten im Beruf. Der Coach lernt über Schattentage, Supervisionen und Befragungen das konkrete Arbeitsumfeld und die Beziehungen des Klienten zu anderen Akteuren näher kennen. Diese Maßnahmen sind mit dem Klienten vereinbart und werden offen in die Arbeit eingeflochten.

Zusammenfassung

Rhythmen im Coaching

Zahlreiche Autoren zum Thema Coaching standardisieren und verwechseln dies mit Systematik. Ihr Bemühen um klare Struktur gipfelt darin, die Prozessphasen, die ein Coaching durchläuft, in ihrer Abfolge analytisch und inhaltlich vorzudefinieren. Im Extrem führt dies dazu, jeder Sitzung eine Phase samt Funktion und Kategorie zuzuordnen (so etwa Holbernd/Kochanek 1999). Eine solche Vorgehensweise mag zwar den Vorteil jeder Struktur haben: Ordnung herzustellen. Im Coaching-Prozess halte ich dies für deplatziert; denn es widerspricht

❖ dem Prozesscharakter und damit der dem Coaching innewohnenden Dynamik und Unvorhersehbarkeit der Ereignisse,
❖ der geforderten Flexibilität der Interventionen,
❖ dem Gebot, situative Dringlichkeiten zu berücksichtigen sowie
❖ spontane, dennoch zielgerichtete Themen- und Richtungswechsel zuzulassen,
❖ der Notwendigkeit von Feedback- und Wiederholungsschleifen,
❖ der Individualität eines jeden Coachings.

Freilich, jeder Coaching-Prozess durchläuft bestimmte Phasen (des Kennenlernens und Abtastens, des Öffnens und Schließens, der Zuversicht und Resignation u.Ä.). In meiner Arbeit nutze ich die Kategorien analytisch: zur Orientierung, Diagnose und Prognose in meiner Vor- und Nachbereitung. Ich gebrauche sie nicht, um einzelne Sitzungen oder eine Sitzungs-Reihe vorzudefinieren. Coaching und Standardisierung widersprechen einander. Der Coaching-Verlauf ist grundsätzlich offen zu halten für Neues, anderes und Spontanes ebenso wie für Rückbesinnung, Wiederholung und Feedback.

Sitzungsdauer

Wie im ersten Kapitel erwähnt, ist eine Sitzungsdauer von etwa einer Stunde (50 bis 60 Minuten) verbreitet. In meiner Arbeit verfahre ich insofern unorthodox, als ich die Dauer einer Sitzung häufig variabel halte. Üblicherweise

setze ich für eine Sitzung etwa 90 Minuten an. Je nach Anliegen und Dringlichkeit kann sie diesen Rahmen überschreiten und bis auf zwei Stunden ausgedehnt werden. Es kann auch sein, dass der Klient und ich uns bereits in der Vorbereitung auf die folgende Sitzung bestimmte Themen vorgenommen haben, deren Bearbeitung mehr als die gewöhnliche Dauer verlangt. Das kalkulieren wir dann für die nächste Sitzung entsprechend ein. Zudem berücksichtige ich das Zeitreservoire des Klienten. Das kann beispielsweise heißen, dass eine Sitzung, für die 90 Minuten vorgesehen sind, nur 60 Minuten dauert.

Auch wenn diese flexible Handhabung der Zeiteinteilung für das Planungsinteresse des Coachs nachteilig ist, überwiegen meines Erachtens die Vorteile. Sie dient dem Klienten und damit dem Fortschritt im Coaching-Prozess.

Das erste Gespräch

Mit dem ersten Gespräch meine ich die erste persönliche Begegnung mit dem Klienten. Dieses Gespräch dient dem gegenseitigen Abtasten, um zu prüfen, ob eine Zusammenarbeit möglich ist. Inhaltlich betrachtet, verschafft sich der Coach einen ungefähren Überblick über das Anliegen des Klienten und beantwortet diesem Fragen zum Prozedere des Coachings und zu den anfallenden Kosten. Kommen beide überein, miteinander arbeiten zu wollen, werden erste Termine für die verabredeten Aktivitäten definiert. (In meinem Fall sind das die »Schattentage« und die erste darauf folgende Sitzung.)

Funktion des ersten Gesprächs

»Handwerkszeug« in der Coaching-Arbeit

Grundlagen kompetenten Coachings

An dieser Stelle ist es weder opportun noch möglich, die gesamte Spannbreite der Theorien, Modelle, Konzepte und Methoden aneinander zu reihen, von denen sich Coaching-Arbeit leiten lässt. Ich konzentriere die Darstellung deshalb auf diejenigen, die für ein seriöses Coaching mehr oder weniger grundlegend sind und jedenfalls meine Arbeit maßgeblich mitgestalten. Zur Erinnerung: Im Coaching geht es um

Aufgaben im Coaching

❖ *Diagnose* (des Ist-Zustandes: Deutungs- und Handlungsmuster, soziale und systemische Variablen sowie Zusammenhänge, die praktisch relevant für den Klienten sind),

❖ *Klärung* (von Ist- und Soll-Zustand inklusive der Reflexion grundlegender und entscheidender mentaler, psycho- und soziodynamischer sowie systemischer Komponenten, wie beispielsweise Vorannahmen, individuelle Verarbeitungsprozesse, Umfelddeterminanten, Klärung der Funktionen von Geschehnissen, Normen, Rede- und Verhaltensweisen),

❖ *Beschreibung* (von Situationen, Erlebnissen, beobachteter Phänomene in Interaktionen, gegenwärtiger Bedingungen),

❖ *Erarbeitung* (neuer Denk-, Deutungs-, Fühl- und Handlungsoptionen),

❖ *Befähigung* (Erkenntnisse in Optionen transformieren und in der Praxis umsetzen).

Konzeptionelle Hilfen im Coaching

Damit ist der Dialog Dreh- und Angelpunkt des Coaching-Prozesses. Modelle bzw. Ansätze, die dem Coach helfen, das Gespräch offen und vertrauensvoll sowie zielführend zu gestalten, sind:

Vier-Ohren-Modell

❖ *Das Vier-Ohren-Modell von Schulz von Thun,* bereichert um die fünfte Dimension der Selbstprogrammierung durch Sprechen und Handeln von O. Neuberger. Beide Modelle sind geeignet, die Bedeutungsvielfalt und damit die inhärenten Botschaften von Gesprochenem für den Sender wie für den Empfänger zu erfassen. Die Modelle können eingesetzt werden, um für das eigene sowie für das Sprech- und Deutungsverhalten anderer Personen zu sensibilisieren. In der Folge können Maßnahmen erarbeitet werden, um die persönlichen kommunikativen Beiträge so zu senden (verpacken), dass die Wahrscheinlichkeit wächst, die gewünschten Wirkungen (Deutungen) zu erzielen. Ferner können persönliche Hör- bzw. Deutungsgewohnheiten beleuchtet und ebenfalls in gewünschter Weise verändert werden.

❖ *Die Gesprächsstile nach Schulz von Thun.* Sie eignen sich, um die Gesprächstypik und deren Funktion wie Wirkungen herauszuarbeiten. Auch sie eröffnen Ansatzpunkte, um die persönliche Kommunikationsweise zu verbessern.

Gesprächsstil – Modell

❖ *Das Modell der Transaktionsanalyse.* Mit ihm können neben aktuellen Verhaltensdominanzen der Person auch Interaktionsverläufe erhellt werden. Die Transaktionsanalyse kann im Rahmen der Persönlichkeitsarbeit ebenso genutzt werden wie im Rahmen sozialer, insbesondere kommunikativer Abläufe. Mit ihr können Muster und Wirkungen im Verhalten untersucht und Wege erarbeitet werden, wie der Klient persönliche Schwerpunkte in Verhaltensbereitschaften und im Handeln verändern kann.

Transaktionsanalyse

❖ Diesen Erkenntnisgewinn ermöglicht auch das Arbeiten mit *tiefenpsychologischen Kategorien.* Sie dienen dem tieferen, weil psychologisch geleiteten Verständnis von Interaktionen und deren Funktionen. Sie legen die Betonung auf unbewusste Verhaltensweisen oder allgemeiner: Reaktionsbereitschaften und faktisches Verhalten.

Tiefenpsychologie

❖ Die Kenntnis von *Konflikttheorien* sind für analytische und diagnostische sowie für therapeutische (aktionsbezogene) Überlegungen grundlegend. In der Coaching-Arbeit leisten insbesondere drei konflikttheoretische Ansätze wertvolle Dienste. Es handelt sich, erstens, um Theorien, die sich mit inneren (intrapersonalen) Konflikten beschäftigen; zweitens um Theorien, die zwischenmenschliche und hier vor allem Spannungen zwischen zwei Personen behandeln; und drittens um Theorien, die die Kommunikation und Kooperation in kleineren Gruppen (Mikrobereich) ins Zentrum rücken. (Vgl. dazu »Konflikte managen« 2000.)

Konfliktpsychologie

❖ Gesprächs»techniken« wie aktives und analytisches Zuhören, gezielt Fragen stellen, Feedback geben und erhalten. Diese aus dem gesprächspsychotherapeutischen Bereich entlehnten Gesprächs»techniken« erlauben es, sowohl das eigene Dialogverhalten kritisch zu reflektieren als auch die persönliche Aufmerksamkeit dem Partner gegenüber zu erhöhen und auf diese Weise sowohl die verbalen als auch die non-verbalen Botschaften aufzunehmen und an sie anzuknüpfen. Sie sollten vom Coach angewendet und gegebenenfalls an den Klienten vermittelt werden.

Gesprächstechniken

Nonverbale
Kommunikation

❖ *Integration nonverbaler Zeichen.* Hiermit meine ich die ausdrücklich nonverbalen Dimensionen des Kommunizierens. Insbesondere für den Coach ist es zentral, mit allen Sinnen wahrzunehmen und wachsam zu sein. Ich halte diese Seite des Kommunizierens für wesentlich, um sich dem Klienten ganzheitlich zu widmen und Nicht-Ausgesprochenes zu realisieren.

Neben diesen Ansätzen, die sowohl der Analyse bzw. Diagnose als auch der »Therapie« im Sinne von Möglichkeiten dienen, Problemlagen zu bearbeiten, mache ich methodische bzw. didaktische Anleihen bei folgenden Konzepten, Modellen oder Methoden:

NLP

❖ Dem *Neurolinguistischen Programmieren* (NLP) als Konzept, das zahlreiche psychotherapeutische Ansätze vereinigt und die nonverbale Dimension sowie die Kraft der Imagination/Visualisierung exponiert und auch den Körper einsetzt. Die hauptsächliche Funktion sehe ich darin, Problematisches zu klären und Alternativen auszuprobieren. Wesentliche Stichworte sind hier: Sinneskanäle, Meta-Sprache, Rapport, Umdeutungsflexibilität, Ankern, Ökocheck.

RET

❖ Um sowohl Verstehensprozesse zu fördern als auch zu Umdeutungsaktivitäten anzuregen, arbeite ich mit dem Konzept der *Rational Emotiven Therapie.*

»Inneres Team«

❖ Das *innere Team* nach Schulz von Thun (sehr verwandt der Arbeit mit »Teilen« des Ichs im NLP) als Modell, das innere Konflikte extrahieren hilft. Dies leistet es, indem mittels der inneren Diskussion untersucht wird, was warum konfliktär ist, welche Lösungsvarianten zugunsten und zuungunsten welcher Stimme (Position/Interesse) geht und welche Lösung die adäquateste ist.

Feedback-Konzept

❖ *Modelle* (insbesondere das Feedback-Modell aus der Gestalttherapie) und *Fragestellungen,* die das Selbstbild des Klienten beleuchten und somit den Umgang mit sich selbst erleichtern. Sie räumen zudem die Möglichkeit ein, sich bewusst(er) zu verhalten, um die Wahrscheinlichkeit zu erhöhen, erwünschte Wirkungen zu erzeugen.

Rollenspiele

❖ *Rollenspiele* (mit imaginierten Antagonisten gemäß der Gestalttherapie) oder als szenische Darstellung erlebter bzw. erwünschter Interaktionsverläufe mit oder ohne Rollentausch. Entweder übernimmt der Klient alle Rollen oder ich übernehme eine der relevanten Rollen. Die wichtigsten Funktionen sehe ich darin, mit Möglichkeiten zu experimentieren (aus der Aktionsforschung) und Optionen zu erarbeiten, die in der Praxis realisierbar sind. Ferner schälen sie persönliche Eigenheiten wie Sensibilitäten, Ängste, Stärken heraus, rücken diese stärker ins Bewusstsein und ermöglichen, mit ihnen Optionen zu entwerfen. Unter anderem integriere ich hier

– *Sprachspiele:* gemäß der Erkenntnis, dass wir uns über Sprache immer auch selbst erschaffen und profilieren, wie wir ferner andere in ihrem Verhalten »programmieren« sowie »Realitäten« schaffen. (Mit diesem Thema befassen sich vorzugsweise die Theorie des kommunikativen Handelns, die Rational Emotive Therapie sowie der Konstruktivismus.) Die wesentlichen Funktionen sehe ich darin, Klienten für die gestalterische Kraft von Sprache zu sensibilisieren und unterschiedliche Optionen der Umdeutung und Umformulierung ausprobieren zu lassen.

Wirkung von Sprache

– *Hausaufgaben:* Der Klient verpflichtet sich, eine vereinbarte Maßnahme (zum Beispiel eine Verhaltensweise) in der Praxis zu erproben. Die Funktion besteht darin zu überprüfen, ob eine Maßnahme praktikabel ist und die gewünschten Effekte folgen. Außerdem soll der Klient Mut und Sicherheit im neuartigen Verhalten gewinnen. Er soll erfolgreiche Veränderungen erleben und in das persönliche Repertoire aufnehmen.

Hausaufgaben

Risiken und »Fallen«

Von einem Coach wird viel verlangt: seitens der Autorinnen und Autoren, die über Coaching schreiben; seitens des Coachs selbst sowie seiner Kolleginnen und Kollegen; seitens der Klienten und Auftraggeber sowie hinsichtlich der Frage wie »gutes« oder »professionelles« Coaching auszusehen habe.

Anforderungen an den Coach

Die *Anforderungen*, die ein Coach an sich selbst und die andere an ihn richten, formuliere ich gerne in der Form von *Paradoxien*. Paradoxien sind in sich widersprüchlich oder widersinnig. Sie sind damit so strukturiert oder angelegt, dass es prinzipiell unmöglich ist, sie zu leben. Ich wähle diese überspitzte Form der Darstellung, um Extreme zu enttarnen bzw. um das Nebeneinander diametral entgegengesetzter Erwartungen zu trennen.

(Nebenbei: Wenn ein Mensch ständig paradoxen Verhaltenserwartungen ausgesetzt ist, tendiert er dazu, »ver-rückt« zu reagieren. In der Schizophrenie-Forschung hat sich gezeigt, dass Kinder, die von ihren Bezugspersonen antagonistischen Aufforderungen ausgesetzt sind, psychisch erkranken. Zum Beispiel sagt ein Vater seinem Kind: »Ich habe dich sehr lieb« und streckt dem Kind gleichzeitig (!) abwehrend die Hände entgegen oder dreht sich vom Kind weg.)

Dilemmata

Anstatt von Paradoxien können wir auch von *dilemmatischen Situationen* sprechen. Dies sind Situationen, die nicht eindeutig sind – folglich gibt es kein »richtiges« Verhalten. Paul Watzlawik demonstriert dies gern anhand der folgenden Anekdote: Eine Mutter schenkt ihrem Sohn zwei Krawatten: eine rote und eine blaue. Am nächsten Morgen kommt der Sohn freudestrahlend in die Küche – mit der roten Krawatte um den Hals. Die Mutter, enttäuscht blickend: »Ach, die blaue gefällt dir wohl nicht?« – Nun, liebe Leserinnen und Leser, was hätte der Sohn tun können, um es der Mutter recht zu machen? Hätte er die blaue Krawatte umgebunden, fiele die Reaktion ebenso aus wie oben zitiert. Bindet er beide Krawatten um, hielte sie ihn für verrückt. Bindet er keine um, hielte sie ihn für einen schlechten Sohn. Der Sohn steckt in einem Dilemma oder einer paradoxen Erwartungssituation und hat die Wahl zwischen »mad or bad«, verrückt oder böse.

Warum erzähle ich Ihnen das? Nun, ich möchte Sie, wie angekündigt, mit einigen zentralen *Anforderungen* bekannt machen, die ein Coach verinnerlichen und befolgen sollte. Einige dieser Anforderungen sind paradox oder dilemmatisch. Und es ist besonders wichtig, diese zu erkennen.

Ganz grundsätzlich möchte ich alle diejenigen, die Coaching bereits praktizieren bzw. die sich darauf vorbereiten, Coachings durchzuführen, ermuntern, sich mit strukturell definierten Möglichkeiten und Unmöglichkeiten zu beschäftigen. Die paradoxe oder dilemmatische Struktur zu erkennen, halte ich nicht nur für hilfreich, sondern sie ist meiner Überzeugung nach bereits die erste Anforderung an den Coach (sie ist im Übrigen eindeutig, nicht paradox). Denn fehlt diese Erkenntnis oder, milder, das Gespür für Mögliches und Unmögliches, werden die besagten paradox angelegten Probleme für lösbar (im Sinne von auflösbar) gehalten. Halten wir Probleme für Herausforderungen, die wir in dieser auflösenden Art bewältigen können, engagieren wir uns für sie. Engagieren wir uns, bedeutet dies, dass wir Energie, Willen, Ehrgeiz und Disziplin aufbringen, um die Lösung zu erarbeiten. Setzen wir uns dagegen für ein strukturell unmögliches Unterfangen ein, verschwenden wir Energie. Für den Coach ist dies vor allem psychische Energie. Er wendet sie für etwas auf, das zum Scheitern verurteilt ist. Er ringt mit sich und den realen oder irrealen Anforderungen. Während dieses Kampfes reibt er sich auf. Er bleibt erfolglos. In diesem Prozess spricht sich der Coach seine Befähigung zum Coach in wachsendem Ausmaß ab und zerstört sich allmählich selbst in seiner beruflichen Identität. Ich weiß, das klingt dramatisch. Nüchterner formuliert bedeutet das: Je mehr der Coach dieses erfolglose Abmühen erfährt, umso mehr wächst das Risiko, auf die nicht gelingende Auflösung der (nicht als paradox erkannten) Schwierigkeiten mit Impulsen oder Tendenzen zu reagieren, die am Selbstwertgefühl und der Kompetenz nagen und in der Resignation enden können. Das muss nicht sein.

Paradoxien und
Dilemmata erkennen

Neben den Paradoxien möchte ich Ihre Aufmerksamkeit auf weitere heikle Situationen lenken, mit denen Sie sich früher oder später auseinander setzen müssen. An Klienten richte ich diese Ausführungen, damit sie eine Vorstellung davon gewinnen, warum ein Coach unterschiedlich auf sie wirken kann. Etwa, warum ein Coach sich zuweilen sehr zugeknöpft oder – im Gegenteil – besonders offen oder Anteil nehmend verhält. Coachs und Klienten sollten erkennen, dass ein Coach »auch nur ein Mensch« ist. Das meine ich nicht als Allheilmittel oder Alles-Entschuldigung. Der (eigentlich triviale) Hinweis soll hervorheben: Menschliches-Allzumenschliches kann ein noch so erfahrener Coach nicht ausklammern. Er kann – und das ist so schwierig wie verdienstvoll – sowohl die Paradoxien als auch die weiteren Ansinnen pragmatisch übersetzen und umgestalten. Hält er sich dabei an das Grund-Ethos des Coachings, handelt er professionell und verantwortungsvoll.

Heikle Situationen für
Coach und Klient

Anforderungen an den Coach

Nach diesem langen Vorwort kommen wir endlich zu den Anforderungen! Ein Coach soll sozial, emotional und intuitiv sowie methodisch kompetent sein. Lassen Sie uns einige Sachverhalte dieser Kompetenzen betrachten.

Emotionale Kompetenz

Emotionale Kompetenz eines Coachs manifestiert sich durch seine Fähigkeit, sich in den Klienten einzufühlen und in seine Situation hineindenken zu können. Gleichzeitig – Achtung: ein Paradoxon – soll der Coach »objektiv«, nüchtern und unparteiisch sein. Das ist zusammen natürlich nicht möglich. Übt sich ein Coach in Empathie, nimmt er bereits Partei und ist nicht mehr objektiv. Den Ausweg aus diesem Dilemma kann der Coach wie folgt einschlagen. Zunächst ruft er sich die Grunddistanz zum Klienten ins Bewusstsein. Der Klient ist ein vom Coach verschiedenes Individuum mit einer eigenen Geschichte. Das klingt einfach, ist indes in der Ausführung nicht immer leicht zu beherzigen. Denn je mehr wir uns in einen anderen Menschen hineinversetzen, in ihn hineintauchen, desto mehr verlieren wir an Distanz. Ein weiterer Schritt liegt darin, gezielt die Meta-Ebene einzunehmen. In diesem Fall findet sich der Coach in einer typischen Doppelrolle: sowohl Akteur als auch Beobachter zu sein. Jene Coachs, die beanspruchen, der Freund ihres Klienten zu sein, tun sich mit dem zweiten Teil der Doppelfunktion schwerer als jene, die Klienten als Geschäftspartner beschreiben und begreifen. Je tiefer ein Coach in die Persönlichkeit des Klienten hineindringt und je persönlicher die Ebene ist, auf der sie arbeiten, desto diffiziler ist es, Grunddistanz und Meta-Ebene einzuhalten. Und – auch das ist ein Risiko – desto größer wird die (nicht bewusste) Neigung beim Coach zu projizieren (beispielsweise eigenen Ehrgeiz, eigene Ziele) und auf diese Weise den Klienten zum Agenten seiner eigenen Ambitionen umzufunktionieren.

Intuitive Kompetenz

Intuitive Kompetenz wird vom Coach verlangt. Das heißt, er hat zu »erspüren«, was den Klienten »wirklich« beschäftigt. Gleichzeitg – Achtung: wieder ein Paradoxon – erwarten Klienten von ihm, alles glasklar in Worte fassen und erklären zu können. Dieses Dilemma kann der Coach dadurch entschärfen, indem er zugibt, nicht alles mit dem Verstand zu erfassen, nicht jedes Detail erläutern und nicht jede Beobachtung benennen zu können. Er gesteht dem Klienten, dass er sich auch von Eingebungen und Spürsinn leiten lässt. Praktisch relevant ist allerdings, dass sich der Coach in seinen Inspirationen und Intuitionen vom Klienten korrigieren lässt!

Methodische Kompetenz

Vom Coach wird ferner methodische und systematische Stringenz erwartet. Gleichzeitig – hoppla, wieder ein Paradoxon – soll er flexibel und unorthodox sein. Das impliziert zuerst einmal: Der Coach soll durchaus vom Wege abkommen, seine Systematik verlassen und anti-methodisch agieren können.

Paradox drei: Systematik und Flexibilität

»Und was gibt Ihnen die Zuversicht, der richtige Coach für unser Unternehmen zu sein?«

Diese widersprüchlichen Anforderungen können dazu führen, den Coaching-Prozess undurchsichtig werden zu lassen. Dies gilt vor allem für den Coach, der mehr intuitiv als kognitiv gesteuert handelt. Der Klient kann dann den Interventionen des Coachs nicht mehr folgen. Abwegigkeit und Intransparenz erscheinen als chaotisch (nicht verstehbare Ordnung). Auch dieses Paradoxon kann der Coach pragmatisch umwandeln. Grundsätzlich wohnt dem heillosesten Durcheinander eine Ordnung und Methode inne (das wissen wir spätestens seit der Chaos- und Systemtheorie). Dies allein hilft aber weder dem Coach noch dem Klienten. Der Coach muss das Chaotische einsichtig und deutlich machen und dabei sein Methodenverständnis, das seinen Schlussfolgerungen zugrunde liegt, transparent werden lassen. Er muss dem Klienten verständlich machen, wann er aus welchen Gründen eine Methode oder Systematik verlässt. Auf diese Weise kann er glaubwürdig vermitteln, dass er methodisch den-und-den Weg geht, sich aber die Freiheit nimmt, im Falle der-und-der Konditionen von ihm abzuweichen. In der Regel schätzen Klienten die Beweglichkeit, die der Coach im Wechsel von Methodik und (gelenkter) Spontaneität beweist; denn es kommt ihnen zugute. Dies heißt ja Flexibilität: sich den wechselnden Bedingungen schnell anpassen zu können.

Fallgruben in der Coaching-Arbeit

Die soeben skizzierten Dilemmata zeigen die wichtigsten Fallgruben, in die ein Coach hineinstolpern kann. Um diese *Fallen* zu konkretisieren und sie Ihnen näher zu bringen, möchte ich einige detaillierter schildern.

Sympathie – Antipathie

Dilemma: Unterschiedliche Sympathienverteilung

Wir alle wissen aus Erfahrung, dass es uns an unserem non-verbalen und verbalen Verhalten anzumerken ist, ob und wie sympathisch uns ein anderer Mensch ist. Ist uns jemand angenehm, befassen wir uns lieber mit ihm, engagieren uns mehr und räumen ihm »Sonderkonditionen« ein. So ergeht es auch dem Coach. Es gibt Klienten, die sind ihm sehr sympathisch und andere sind es weniger. (Ich spreche von differenten Sympathie-Stufen, weil A-Pathie oder gar Anti-Pathie eine Coach-Klient-Beziehung ohnehin unmöglich machen.) Normalerweise bleibt den Klienten der Unterschied in der Sympathie (und auf diese Differenz kommt es hier an!) verborgen. Denn sie können nicht vergleichen. Es sei denn: Die Klienten kennen sich, weil sie beispielsweise aus einem Unternehmen kommen und miteinander über das Coaching oder über den Coach reden. Dann könnten sie Abweichungen bemerken, dass der Coach beispielsweise die Möglichkeit, ihn außerhalb der vereinbarten Termine zu konsultieren oder anzurufen, unterschiedlich gewährt.

Nun, was folgt daraus für den Coach? Gewiss ist die Forderung, er solle alle Klienten gleich behandeln, professionell legitim. Sie ist in formaler Hinsicht sogar erfüllbar. Er müsste »nur« darauf verzichten, unterschiedliche

Konditionen einzuräumen. In der Praxis ist das als Leitlinie sinnvoll, als ausnahmslose Regel aber heikel. Denn es gibt Klienten, bei denen es beispielsweise angeraten ist (sei es aus Sympathie, sei es aufgrund der Dringlichkeit und damit verbundenen gelebten Empathie), ihnen zu erlauben, auch »außer der Reihe« anklopfen zu dürfen. Dies sollte – schon aus Gründen des Fortschritts im Coaching-Prozess – nur vorübergehend gelten. Konspirative Verabredungen der Art: »Aber sagen Sie das bitte nicht weiter«, halte ich für nicht empfehlenswert. Unter anderem deshalb nicht, da sie die Coach-Klient-Beziehung in einen Geheimbund verwandeln. Es gibt Coachs, die mit dieser Geheimnis-Pädagogik arbeiten, um dem Klienten das Gefühl zu geben, jemand ganz Besonderes zu sein, um ihn damit stärker zu binden. – Letztlich obliegt es dem Ethos des Coachs, mit diesem Dilemma: individualisierte Klienten-Zentrierung und Gleichbehandlung umzugehen. Ein Coach sollte sich in dieser Entscheidung stets von seinen Grundannahmen und Glaubenssätzen leiten lassen – und von dem Wissen, dass es der Klient ist, der den Daumen hebt oder senkt.

Situative Erfordernisse beachten

Selbstwertgefühl

In der Interaktion von Klient und Coach kann es vorkommen, dass der Coach sich verletzt fühlt. Es kann zu Verletzungen kommen, wenn der Coach Bemerkungen oder mimische wie körpersprachliche Zeichen des Klienten falsch auffasst und als Veralberung, Infragestellung oder Bezweiflung seiner eigenen Kompetenz interpretiert. Schleichen sich solche oder ähnliche Empfindungen ein, ist das ein Signal dafür, dass der Coach die professionelle Distanz verliert. Er neigt dann dazu, das Verhalten des Klienten als »aggressiv« und gegen sich gerichtet zu deuten. Er bezieht das Verhalten auf sich selbst als Person.

Dilemma: Der Coach fühlt sich persönlich angegriffen und verliert professionelle Distanz

Typischerweise geschieht dies, wenn der Klient ironische oder sarkastische Bemerkungen oder Anspielungen macht und scheinbar hilflos tut. Etwa: «Ich frage mich, wie ich bisher ohne Ihre Hilfe und das ganze theoretische Zeug ausgekommen bin«, oder: »Das haben Sie wirklich gut gesagt: vieldimensionale Betrachtungsweise. Hört sich sehr gelehrt an. Nur – was mache ich jetzt damit?« Oder der Klient startet verdeckte Attacken, wenn eine seiner Erwartungen nach Praxisnähe unerfüllt bleibt. Etwa: »Ich habe von einem Coach gehört, der seinen Klienten durchaus Checklisten macht«, oder: »Finden Sie etwa das Rumgeeiere hier gut?« Der Klient kann ferner das Leistungsvermögen des Coachs bezweifeln: »Ich glaube nicht, dass Sie das wirklich beurteilen und mir in diesem Punkt helfen können.« Außerdem kann der Klient den gesamten Prozess als Zeitfresser brandmarken: »Wissen Sie, mit Ihnen zu plaudern, ist sehr angenehm. Ich unterhalte mich ja gern mit Ihnen. Aber ob das viel bringt?« Oder der Klient hält Vereinbarungen, beispielsweise für Sitzungsvorbereitungen oder Umsetzungen in der Praxis, häufig nicht ein. Oder ein Klient bringt sein Missfallen nonverbal, etwa durch hochgezogene Augenbrauen oder abgewandte Körperhaltung zum Ausdruck. – All dies kann einen Coach enttäuschen und ihm wehtun, insofern er sich despektierlich behandelt fühlt.

Distanz und Nähe

Klienten praktizieren unterschiedliche Varianten, den Coach zur Zielscheibe von Unzufriedenheit, Abwehr oder Gegenwehr zu machen. In diesen Zusammenhängen ist die grundlegende Fähigkeit des Coachs gefragt, sich abzugrenzen und sein psychologisches Wissen auf sich selbst anzuwenden. Fällt es ihm prinzipiell leicht, die professionelle Distanz einzunehmen und zu wahren, erliegt er dem Risiko weniger, Angriffe persönlich zu nehmen, als wenn ihm dieser Abstand schwer fällt. Denn dann neigt er dazu, sich mit dem Klienten zu identifizieren. Er leidet mit ihm, teilt seine Wut und Empörung genauso wie seine Freude. Diese Intensität an Empathie mag sympathisch erscheinen; denn der Klient erfährt durch sie Bestätigung und der Coach findet einen »Fan«. Im Zweifelsfall ist die Wirkung indes subversiv bis fatal und häufig irreversibel. Wieso?

Auswirkungen mangelnder Distanz

Je persönlicher der Coach sich einem Klienten verbunden fühlt, desto eher entfaltet er elterliche oder kameradschaftliche Gefühle. Wird die patriarchalische oder matriarchalische Beziehungsdimension betont, liegt der Schwerpunkt des Beratungsprozesses auf Hilfe, Fürsorge und Verantwortungsübernahme. Dominiert der kameradschaftliche Aspekt, verlagert sich der Beratungsprozess auf die Ebene der freundschaftlichen Verbundenheit und Unterstützung, bis hin zur Kumpanei. Beide Beziehungsakzente verleiten den Coach dazu, »das Gute« und »das Beste«, das er für seinen Klienten erreichen möchte, in das Zielinventar seines persönlichen Ehrgeizes zu legen – ganz so, wie Eltern zuweilen ihre unerfüllten Berufswünsche ihren Sprösslingen oktroyieren. Hand in Hand mit dieser Identifikation legt der Coach (zum Teil nicht bewusste) Erwartungen in den Klienten. Er möchte, dass der Klient die Identifikations-Offerte, der Klient möge Sohn oder Tochter, Schwester oder Bruder, Freund oder Freundin spielen, annehmen. Ob und inwiefern der Klient die Rollenzuschreibung und die mit ihr verwachsenen Anforderungen akzeptiert, erkennt der Coach unter anderem daran, wie der Klient Zufriedenheit ausdrückt; ob in einer Geste des Erfreutseins oder der der Dankbarkeit.

Nun gibt es Klienten, die diese Rolle als Zumutung empfinden und sie daher verweigern. Das mag den Coach zunächst irritieren. Allerdings kommt es dem Prozess zugute, ebenso wie der Selbstständigkeit und Abgrenzung des Klienten. Der Coach wird vor gravierenden Verletzungen geschützt. Er muss (sich) nicht »ent-täuschen«. Es gibt aber auch Klienten, die in die Rolle des Kindes oder Kameraden für eine Weile hineinschlüpfen, aber – für den Coach überraschend, also nicht vorhersehbar – plötzlich herausbrechen. (Wir ignorieren an dieser Stelle die kritische Frage nach der Kompetenz des Coachs.) Sie tun dies, indem sie sich ablehnend, verweigernd und distanzierend verhalten. Alles subtile Signale der Emanzipation, die sich oft durchaus aggressiv verkleiden. Der Coach erleidet, zugespitzt gesagt, einen Schock. Statt die Reaktion des Klienten als konstruktives Zeichen dessen Reifung zu begreifen oder/und als Chance, der eigenen (unprofessionellen) Illusion der »Vormundschaft« oder Verbrüderung zu entkommen und die Enttäuschung als Korrektur eines Fehlverhaltens zu behandeln, empfindet der Coach die Emanzipierung (Verselbstständigung) als Attacke auf seine Bemühungen und seine Person. Er fühlt sich betrogen, und zwar um die Dankbarkeit, die der Klient ihm schuldet. Wieder: ganz so, wie Eltern reagieren, wenn sie meinen, der Sprössling verselbstständige sich in die falsche, weil nicht in die Richtung, in die die Eltern viele Anstrengungen gelegt haben.

Einseitige Negativ-Deutung

Je tiefer der Coach diese Verletzung spürt und je penetranter sie an seinem Selbstwertgefühl und Selbstverständnis nagt, desto hartnäckiger legt sich seine Gemütslage auf die Interaktion mit dem Klienten. Wird er derartig von »niederdrückenden« Emotionen angetrieben, verbeißt er sich in die Vorstellung, der Klient schulde ihm Worte des Bedauerns und der Entschuldigung. Ist dieses Stadium erreicht, wird es immer schwieriger, »Münchhausen zu spielen« und sich am eigenen Schopf aus den Gefühlswogen herauszuziehen. Der Coach verliert die Möglichkeit, aus der Meta-Ebene die Logik der Entwicklung und die Zusammenhänge zu erkennen. Entzieht sich der Klient ebenso dickköpfig dem Ansinnen, in die Rolle des undankbaren und schuldbewussten Subjekts zu schlüpfen und um Vergebung zu bitten, eskaliert die Dynamik und mündet in den Abbruch der Zusammenarbeit.

Emotionale Eskalation

Jeder, der als Coach tätig sein möchte oder bereits tätig ist, sollte sich seine Rolle und Funktion insbesondere in heiklen Momenten vor Augen führen: Er tritt an, um professionell zu unterstützen, und das heißt vor allem, bewusst machen, klären, Kontexte begreifen und offen legen, Deutungs- und Verhaltensalternativen erarbeiten. Er soll katalysieren und initiieren. Um diesen Anforderungen gerecht zu werden, sollte er sich klarmachen, dass er der Beobachter aus der Vogelperspektive ist, also Städte und nicht nur Häuser sieht. Ferner muss er bereit sein und es aushalten können, gleich einem psychoanalytisch arbeitenden Therapeuten als Projektionsmedium auch feindseliger Gefühlsoffenbarungen des Klienten herhalten zu müssen. Ob er das Ziel aufgestauter Frustrationen, von Wut oder Empörung oder Tränen der Verzweiflung ist – der Coach sollte erkennen, dass er die Funktionen des Sündenbocks, des Schuldigers oder des Beichtvaters stellvertretend übernimmt. (Die Betonung liegt auf der Stellvertreter-Funktion für andere Personen.) Und schließlich geht es darum, Verhaltensweisen des Klienten, die er als revoltierend erlebt, konstruktiv zu deuten und in die Coaching-Arbeit einzuschleusen.

Sich selbst Deutungs-Vielfalt schaffen

Beherzigt der Coach diese Aspekte, stehen seine Chancen gut, sich vom Klienten abgrenzen zu können. Der Coach verfügt dann über Optionen zur Interpretation: »der Klient ist böse«, und diese Alternativen gewähren ihm sowohl professionelle Distanz als auch Toleranz.

Muster erkennen und diskutieren

Es kann sein, dass ein Coach von einem Klienten nicht nur gelegentlich »gepiesackt«, sondern systematisch »gestochen« wird. In diesem Fall empfiehlt es sich, Regelmäßigkeiten in den Anlässen und Erscheinungsformen aufzuspüren, um in einem ersten Schritt erst einmal zu verstehen, was abläuft. Hierbei behandelt der Coach das Verhalten des Klienten als Symptom eines Syndroms; denn andernfalls unterließe er die Recherche. Es geht in diesem Schritt um Muster-Erkennung. Ideal ist, wenn der Coach seine Beobachtungen und damit verbundenen Gefühle dem Klienten mitteilt, um gemeinsam an der Klärung zu arbeiten. Im zweiten Schritt fragen Coach und Klient nach den Vorteilen des Verhaltens, um eventuell in einem dritten Schritt Mittel und Wege zu finden, diese Vorteile anders als bisher nutzen zu können. – Schlimmstenfalls muss der Coach die Zusammenarbeit auflösen.

Wie immer der Coach konkret vorgeht: Er sollte das Verstehen, Klären und Verändern nicht als persönlich motivierte Reparationsleistung anstreben, sondern den Nutzen für den Klienten im Blickpunkt behalten.

Mehrere Klienten aus einem Unternehmen

Dilemma: Informationen kennen und eigentlich doch nicht

Begleitet ein Coach mehrere Klienten aus einem Unternehmen bzw. aus benachbarten oder denselben Abteilungen, steckt er in einem weiteren Dilemma. Er muss gegenüber dem einzelnen Klienten immer so tun, als wisse er ausschließlich das, was dieser ihm mitgeteilt hat. Diese Anforderung nenne ich die Praxis des beschränkten Informationsstandes. Sie hat den Vorteil, dass der Coach leicht herausfinden kann, inwieweit der Klient ihm vertraut. Er muss sich so verhalten, damit der Klient nicht frustriert feststellen muss, dass der Coach öfter etwas bereits weiß, ohne dass der Klient der Informations-Lieferant war.

Mithin wird die Coach-Klient-Beziehung wesentlich von der Emotionalität des Klienten getragen. Klienten wandeln sich von »harten Männern« und »starken Frauen« schnell in äußerst verletzliche und nach Bestätigung dürstende Persönlichkeiten. Agiert der Coach öfter mit dem Gestus des Ich-weiß-das-Schon, kommen sich diese sensiblen Klienten schnell hintergangen vor.

Gleichzeitig, also neben dem Umstand, dass der Coach bei jedem Klienten bezüglich seines Wissens aus anderen Quellen als »Tabula rasa« auftreten sollte, kann der Coach sich nicht hinter seinem Wissen verstecken. – Wer einmal davon überzeugt ist, dass es den Weihnachtsmann nicht gibt, der kann nie wieder an ihn glauben. – Das Wissen wirkt unterschwellig und beeinflusst die Arbeit mit dem Klienten. Diese Situation gestaltet sich insofern als ausweglos, als Tabula rasa und Wissen zusammenlaufen. Der Coach kann diese Synthese nicht verhindern. Was er kann, ist, in der Kooperation mit dem Klienten darauf achten, die Regel des Unwissens (des beschränkten Informationsstandes) zu befolgen. Diesbezüglich kann er dem Klienten gegenüber offen sein. Er kann beispielsweise sagen: »Schauen Sie, ich komme viel im Unternehmen herum, spreche mit Leuten und erfahre deshalb viel. Sie können also davon ausgehen, dass ich gewöhnlich über Interna gut unterrichtet bin. In unserer Zusammenarbeit werde ich mich trotzdem an das halten, was Sie mir mitteilen. Sollte ich von dieser Norm abweichen, werde ich Ihnen das sagen und begründen.«

Breite Informiertheit zugeben

Diese Handhabung löst zwar das Paradox nicht auf, entschärft es aber. Wie gesagt, kann der Coach in seinem Denken und Fühlen nicht ignorieren, was er, insbesondere über den Klienten oder für diesen relevant, erfahren hat. Seine Kenntnisse schwingen in allem mit, beispielsweise in der Auswahl der Themen, die er mit dem Klienten bearbeitet. Als probate Faustregel mag helfen: Immer dann, wenn der Klient in entscheidender Weise von Informationen betroffen ist, sollte dies in die Interaktion zwischen Klient und Coach einfließen. Sei es direkt, sei es indirekt. Direkt bedeutet: Der Klient erfährt in Erläuterungen, worum es geht. Das direkte Verfahren sollte dann gewählt werden, wenn der Coach die Wirkung der Information im Klienten so einschätzt, dass dieser sie »gut verdauen« kann und sein Fortschreiten im Coaching-Prozess fördert. Erscheint es wahrscheinlich, dass das Gegenteil passiert, empfehle ich das indirekte Verfahren. Hierbei arbeitet der Coach nicht mit einem versteckten Lehrplan. Das heißt: Er lenkt den Dialog so, dass heikle Themen vom Klienten selbst angesprochen werden können. Der Coach assistiert dabei, sie an der Oberfläche auftauchen zu lassen, prüft nebenbei die unterschiedlichen Versionen einer Angelegenheit und kann so das Thema mit dem Klienten offen bearbeiten.

Kenntnisse selektiv einflechten

Neutralität

*Dilemma:
Coach hat eigene Mei-
nungen, sollte sie aber
nicht haben – und darf
sie nicht äußern*

Noch einmal begegnet uns die »Fallgrube« Neutralität. Dieses Mal in der Form von eigenen Meinungen. Die Ideologie verbietet dem Coach, Meinungen zu äußern. Das ist zum einen durchaus fraglich und zum anderen ist das Gebot realitätsfern, da ein Coach schon durch seine Grundeinstellung gewissen Beurteilungen näher steht als anderen. Zudem hat er einen Lebensweg zurückgelegt, also Erkenntnisse gewonnen, Erfahrungen und Erlebnisse im privaten wie im beruflichen Umfeld gemacht. Aus diesen Bestandteilen setzt sich die Plattform zusammen, die die Grundlage seines Wirkens und den Rahmen seiner Einschätzungen und Meinungsbildung maßgeblich bestimmt. Mit anderen Worten: Er agiert immer schon in einem Meinungsumfeld, das Filterwirkung hat. Es legt Präferenzen nahe, in denen sich Meinungen niederschlagen. Im Coaching-Prozess gesellen sich aktuelle und spezifische Daten hinzu, die den Klienten und sein Umfeld betreffen. Diese speist der Coach in seinen Horizont des Fühlens, Denkens und Handelns ein. Ein Coach begegnet dem Klienten folglich nie ohne persönliche Präferenzen oder Meinungen. Also ist es einem Coach nicht möglich, keine eigene Einschätzung und damit Meinung zu haben, und genauso wenig ist es ihm vergönnt, diese wirkungslos zu halten.

Die Frage ist nun, inwiefern er seine Meinung dem Klienten diktiert, zur Basis oder ultimativen Richtlinie für seine Interventionen und Arbeit mit dem Klienten macht. Insbesondere dann, wenn ein Coach grundsätzlich davon ausgeht, dass jeder Klient die Definition und auch die Lösung seiner Probleme in sich selbst trage und er, der Coach, katalysatorische Funktion habe, wird er sich mit der Formulierung einer eigenen Meinung zurückhalten. Er
Fragen stellen wird Fragen stellen und an die Gedanken des Klienten anknüpfen, diese mit ihm weiterspinnen. Dennoch wird er sich ab und zu dabei ertappen, Empfehlungen (und damit Meinungen) kundzutun. Das geschieht erfahrungsgemäß vor allem in Situationen, in denen der Klient unter außerordentlichem Handlungsdruck steht, sich in Lagen befindet, die nach sofortiger Reaktion drängen. Hier finden wir einen weiteren Grund dafür, weshalb die Meinungsabstinenz fraglich und wirklichkeitsfern ist. Denn in dringenden Situationen, in denen der Leidensdruck enorm ist, sucht der Klient ausdrücklich nach pragmatischer Orientierung oder gar praktischer Unterstützung.

Selbst in Fällen der »Alarmstufe rot« muss der Coach vor seinem Anspruch an seine Rolle nicht kapitulieren. Am Beginn steht die Diskussion der Ideen des Klienten. Ist diese erschöpft und keine akzeptable Lösung in Sicht, kann der Coach eigene Sichtweisen (Meinungen) zur Disposition stellen.

Auch diese werden einer kritischen Debatte unterworfen. Der Coach exponiert seine Meinungen nicht als Ultima Ratio, sondern stellt sie als mögliche Reaktionsweisen vor. Er verfährt mit seinen Auffassungen nicht nach dem Motto: »So, wie ich es sehe, sollten Sie … Machen Sie das mal so!« Selbst wenn er seine Vorstellungen als Empfehlungen äußert, haben sie den Charakter des Wählbaren. Mit dieser Vorgehensweise genügt der Coach seinem Anspruch, dass der Klient die Lösung definiert; gleichzeitig kommt er dem Klienten zuhilfe, gibt ihm Orientierung und unterstützt ihn. Absolut wichtig in einer solch brenzligen Lage ist, dass der Coach von einer »Guru-Haltung« absieht und sich nicht zum Besserwisser emporschwingt. Legitim sind Meinungsäußerungen und Empfehlungen stets dann, wenn sie dem Klienten zusätzliche Erkenntnisse ermöglichen, ihm weitere Sichtweisen eröffnen und damit ein Repertoire unterschiedlicher Handlungsmöglichkeiten anbieten.

Eigene Meinung zur Diskussion stellen

Widerstand und Abwehr

Mit der zuvor beschriebenen Problematik, wann ein Coach seine Präferenzen äußern sollte, ist eine weitere verwandt. In der Erörterung der wesentlichen Funktionen eines Coachs sprachen wir unter anderem über die Rollen als Unterstützer, Vertrauter und Korrektiv. In diesem Zusammenhang kann der Coach in brisante Lagen geraten. Eine dramatische Situation tritt ein, wenn er im Rahmen der gemeinsamen Zielsetzung auf Widerstand, Ab- oder Gegenwehr beim Klienten stößt. Wie soll der Coach in einem solchen Fall handeln? Er will seinen Grundeinstellungen treu bleiben, fühlt sich seinem Auftrag und den Vereinbarungen (mit dem Klienten) verpflichtet und sieht, dass die Weigerungs- oder Blockadehaltung seines Klienten die Realisierung des Ziels gefährdet.

Dilemma: Der Coach fühlt sich zur Zielerreichung verpflichtet und trifft auf Widerstand

Das »Commitment« zur Zielrichtung vorausgesetzt, ist die Verlockung groß, den Klienten zu überrumpeln, ihn zu überreden oder mit einem geheimen Lehrplan zu traktieren. Unter den genannten Bedingungen bleibt dem Coach nichts anderes übrig, als sich in Geduld zu üben. Damit meine ich nicht einfach abwarten. Der Coach muss respektieren, dass die abwehrende Reaktion »gute Gründe« hat. Meine Erfahrungen zeigen, dass es fruchtbar ist, mit dem Klienten offen über die Situation, die Eindrücke und Vermutungen zu sprechen. Meistens dient es der Zielverfolgung, die »guten Gründe« in einer gemeinsamen Anstrengung aufzuspüren und auf deren Ergebnisse aufzubauen. Die Resultate dieser Recherche können Überraschungen bringen. Deshalb ist es wichtig, dass sich der Coach gedanklich und im Prozess flexibel

Geduldig sein

Zielkorrekturen
zulassen

verhält. Ebenso wie er sich jedweder Rechthaberei und Dogmatik enthalten sollte, ist es ratsam, für Zielkorrekturen und bis dato unvorgesehene Maßnahmen empfänglich zu sein. Häufig mündet eine solche gemeinsame Arbeit in die Öffnung des Klienten. Manchmal gelingt dem Coach diese Wende nicht. Dann ist er auf seine Fantasie, Intuition und Perspektivenvielfalt verwiesen, mit deren Hilfe er nach gleichwertigem Ersatz Ausschau hält und mit dem Klienten einen anderen Weg zum selben Ziel einschlägt.

Private Probleme

Dilemma:
Der Coach hat einen
beruflich bezogenen
Auftrag – der Klient
private Probleme

Wir haben bereits gesagt, der Coach sei seinem Auftraggeber wie dem Klienten verpflichtet. In der Praxis bedeutet das: Er hat sich in der Kooperation mit dem Klienten auf den beruflichen Zusammenhang und damit verbundene Zielsetzungen zu konzentrieren. Davon abgesehen, dass die Interessen von Auftraggeber und Klient in Teilbereichen durchaus inkongruent ausfallen können, gerät der Coach in einen Loyalitätskonflikt, sobald den Klienten private Probleme belasten. Wie soll der Coach darauf antworten? Verhält er sich illoyal dem Auftraggeber gegenüber, wenn er die private Seite vorübergehend in der Arbeit dominieren lässt?

Grundsätzliches klären

Der Coach verpflichtet sich, mit dem Auftraggeber und dem Klienten vereinbarte Absichten und Ziele zu verfolgen. Diese liegen im beruflichen Tätigkeitsfeld. Inzwischen ist es eine Binsenweisheit, dass ein Mensch nicht seine Identität wechseln kann, je nachdem, ob er sich im Beruf oder im Privatleben bewegt. Beide Aspekte sind ineinander verschlungen. Was Menschen versuchen können, ist, die Belastungen in einem der zwei Lebensfelder weitgehend aus dem anderen herauszuhalten. Beispielsweise, indem ein Manager seine Mitarbeitenden nicht unduldsam behandelt, weil er familiäre Probleme hat oder weil er eine persönliche Sinnkrise durchläuft. Gleichzeitig ist bekannt, dass privater Leidensdruck eine Intensität erreichen kann, die die Leistungsfähigkeit drastisch verringert. Daraus folgt für den Coach: Sobald er erkennt, dass Probleme im privaten Bereich das berufliche Wirken durchdringen, ist er verpflichtet zu überprüfen, ob und inwiefern er den Brennpunkt

Zeitweise Verlagerung
des Fokus prüfen

des Coachings zeitweise zu dieser Problematik hin verlagert. (Dabei sollte er darauf achten, wann er sich in psychotherapeutische Gefilde begibt und die Zuständigkeit diesbezüglich an eine entsprechende Person delegiert.)

In der Gruppendynamik legitimiert das Modell der Themenzentrierten Interaktion (TZI) diese Abweichung vom »eigentlichen« Thema durch die Devise: »Störungen haben Vorrang« – eben weil Störungen, bleiben sie unbehandelt, im Verborgenen wirken und den Arbeitsalltag infiltrieren. Wurzeln die Störungen in persönlichen Belangen oder in der Beziehungsdimension der Akteure, liegt eine Störung auf der sozialen Ebene vor. Verharren die Handelnden beim Sachthema und versuchen, die Störungen (Reibungen, Konflikte, Spannungen) zu ignorieren, wird die Sacharbeit erschwert. Denn Störungen wirken auf der Gefühlsebene. Sie emotionalisieren und schärfen den Blick für Unterschiede, nicht für Gemeinsamkeiten. Nicht zuletzt im Dienste der Zielführung kann – meines Erachtens sollte – das Motto des TZI-Modells in diesen Fällen auf die Coaching-Situation transferiert werden.

Vorbildfunktion

Abschließend möchte ich Ihnen eine Fallgrube nennen, die wir unter den Aspekten Selbstanspruch und »Meta-Funktion des Coachs« bereits ansprachen. Das Stichwort lautet: »Vorbild« oder – wie wir es weiter oben nannten – »Rollenmodell«.

Wir sahen, dass die Ansprüche, die ein Coach an sich selbst stellt und die andere Personen an ihn herantragen, die Aufforderung einschließen, er möge sich imitierenswert verhalten. Zur Schaufel, mit der der Coach die Fallgrube

Dilemma:
Der Coach versteht sich
als Rollenmodell und
meint: fehlerfrei
agieren zu müssen

selbst gräbt, greift er, sobald er sein Postulat, als Vorbild oder Rollenmodell zu taugen, mit Fehlerfreiheit gleichsetzt. Das Graben der Grube beginnt, sobald er einen Fehler macht. Und hineinfallen tut er in dem Augenblick, in dem er probiert, einen Fehler zu vertuschen. Weniger bildhaft ausgedrückt: Das Postulat des Coachs an sich selbst und das der anderen, insbesondere des Klienten, in bestimmten Hinsichten als Vorbild dienen zu können, berührt das Selbstwertgefühl des Coachs. Die Anspruchshaltungen bereiten den Boden für seine Gefühle von Scham, Peinlichkeit oder Verlegenheit, sobald er einen Missgriff tut. Das kann – wie gesagt – eine unpassende Frage sein; eine ungeschickte Intervention oder eine Empfehlung, die sich als nicht als tragfähig erweist.

Manchen Fauxpas bemerkt der Klient nicht. Oder der Coach meint, den treffenden Eindruck des Klienten »umbiegen« zu müssen, weil er seinen Fehler verbergen will. Gewöhnlich kann ein Coach auf ein rhetorisches Spektrum und eine Eloquenz zurückgreifen, die es ihm ermöglichen, Korrekturen so zu inszenieren, dass sie gar nicht als Berichtigung wahrgenommen werden. Er kann dabei nach dem Motto verfahren: »Ich habe keinen Fehler gemacht, sondern der Klient hat mich falsch verstanden.« Oder er kann der Auffassung folgen, die Umberto Eco dem Edelmann Saint-Savin in den Mund legt: »Die Wahrheit ist eine ebenso schöne wie schamhafte Jungfer, und darum geht sie immer in ihren Mantel gehüllt.« (Die Insel des vorigen Tages, 1995, S. 124)

Die Klienten ernst nehmen

In beiden Fällen versucht der Coach, seine Vorbildfunktion im Sinne der Perfektionsidee zu entfalten und aufrechtzuerhalten. Ich gebe zu bedenken, dass Klienten nicht dumm sind und von keinem Coach unterschätzt werden sollten. Auch sie sind sensibel genug, um eine fehlende Übereinstimmung auf non-verbaler und verbaler Ebene zu bemerken. Ich gebe außerdem zu bedenken, dass ein Coach selbstverständlich Fehler machen darf. Zudem erinnere ich Sie an das Wesentliche der Beziehung, Respekt vor dem Partner und Aufrichtigkeit ihm gegenüber zu zeigen, sowie daran, Glaubwürdigkeit und Vertrauen zu ernten. Dies impliziert: Missgeschicke müssen offen eingestanden werden. Ein Coach sollte Fehler zugeben und korrigieren oder, ist das nicht sofort möglich, zumindest angeben, wie und wann er sie zu berichtigen gedenkt. Erst wenn Fehler häufig auftreten, wird der Klient an der Kompetenz zu zweifeln beginnen. Und dann wohl zu Recht.

Fehler zugeben und korrigieren

Coaching in Aktion

Nachdem wir uns die Coaching-Landschaft angeschaut und wesentliche Gesichtspunkte herausgestellt haben, lade ich Sie nun ein, einen Ausschnitt aus einem *Coaching-Prozess* zu begleiten.

Praxisnähe der Dialoge

Der Name des Klienten – Florian Ritter – ist zwar fingiert. In der dargestellten Interaktion zwischen Coach und Klient verdichte ich zahlreiche Themen und Problemstellungen, die in der Praxis häufig genauso auftreten und typischerweise bearbeitet werden.

Für die *Darstellung* wähle ich die Dialogform, damit Sie Eindrücke von der konkreten Gesprächsführung gewinnen und sich in den Coach und/oder Klienten hineinversetzen können. Aus diesen Gründen werde ich auch die Dialoge praxisnah halten. Das bemerken Sie daran, dass ich in den Formulierungen gesprochene (und nicht immer unbedingt druckreife) Sprache verwende. (Als Grundlage dienen mir mein Gedächtnis und Protokolle von Sitzungen.) Die Dialoge werden jeweils umrahmt von knappen Situationsbeschreibungen und Kommentaren. (In den Dialogen steht »C« für Coach und »K« für Klient.)

Leistung der Dialoge

Noch ein Wort zu den Dialogen: Sie geben Ausschnitte von Sitzungen wieder. Der tatsächliche, wenn Sie so wollen: wörtliche Ablauf eines Dialogs einer Sitzung würde bereits viele Seiten füllen. Deshalb werde ich mich bei der »Wiedergabe« auf exemplarische Szenen beschränken und das Wesentliche bzw. die Quintessenz zusammenfassend schildern.

Ähnliches gilt für das methodisch-didaktische Vorgehen. Ich werde Ihnen beispielhafte Abläufe von Rollenspielen und anderen Interventionen geben. Verzichtet habe ich auf die Darstellung von »Übungen«, da ich den Akzent auf Gesprächsstrategien und Dialogmuster lege.

Der erste Kontakt

Auch in der Zeit der E-Mail-Kommunikation wird der erste Kontakt normalerweise telefonisch geknüpft. Mein Telefon klingelt. Ich nehme den Hörer ab und melde mich.

Telefonischer Erst-Kontakt

K: »Ja, guten Tag. Meine Name ist Florian Ritter. Ich habe gelesen, dass Sie Einzel-Coachings durchführen.«

C: »Guten Tag, Herr Ritter. Ja, das ist richtig.«

K: »Ich möchte mich gern erkundigen, wie das so abläuft. Ich bin momentan in einer Situation, in der ich mich entscheiden muss, wie ich in meiner Tätigkeit weitermache. Ich leite eine ziemlich große Abteilung und ich habe vor allem mit einem wichtigen Projektteam Probleme. Es stehen Veränderungen im Unternehmen an, die mich betreffen. Außerdem möchte ich meine Führungsarbeit verbessern. Da könnte ich Unterstützung ganz gut gebrauchen.«

C: »Aha. Da scheint sich für Sie ja einiges zusammenzubrauen. – Herr Ritter, darf ich Ihnen einige Fragen stellen, bevor ich die Ihren beantworte?«

K: »Ja, natürlich.«

C: »Von wem geht das Interesse, ein Coaching zu machen, aus?«

K: »Von mir selbst. Ich weiß zwar noch nicht so genau, wie das in meiner Abteilung und überhaupt bei Kollegen und Mitarbeitern ankommt. Aber ich habe gehört und auch gelesen, dass das eine recht effektive Art der Beratung sein soll. Soll viel mehr bringen als Seminare. Für die habe ich sowieso keine Zeit. Deshalb überlege ich, ob ich nicht so ein Einzel-Coaching machen soll.«

C: »Sie sind also selbst darauf gekommen und es scheint ja noch keine gängige Form der Beratung in Ihrem Unternehmen zu sein. Haben Sie trotz Ihrer Bedenken bereits mit jemandem aus der Firma darüber gesprochen?«

K: »Ja. Mit meiner Chefin. Sie ist grundsätzlich einverstanden. Sie ist eine sehr aufgeschlossene Person und hat ihr Okay gegeben.«

C: »Herr Ritter, was halten Sie davon, wenn wir uns zu einem Gespräch treffen? Das ist natürlich ganz unverbindlich für Sie. Es dient zum einen dazu, dass wir einander persönlich kennen lernen, um zu schauen, ob Sie sich eine Zusammenarbeit mit mir und ich mir mit Ihnen vorstellen kann. So ein Coaching ist ja ein sehr persönlicher Prozess. Da ist es schon wichtig, dass die Wellenlänge stimmt. Und in dem Gespräch werde ich Ihnen gern ausführlich Ihre Frage beantworten, wie ein Coaching zwischen uns aussehen könnte. – Na, was meinen Sie: Wollen wir uns nicht einmal treffen?«

K: »Doch, ja, das würde ich gern. Ich wäre froh, wenn Sie schon recht bald Zeit hätten. Ich habe das Gefühl, ein wenig den Boden zu verlieren, und möchte so schnell wie möglich anfangen.«

C: »Prima. Ich kann Ihnen einen Termin in der nächsten Woche anbieten. Da habe ich noch Freiraum am Mittwoch und am Freitag, sodass ich mich gut nach Ihnen richten kann. Für das Gespräch sehen Sie bitte etwa eine Stunde vor. Wo möchten Sie das Gespräch führen? Soll ich zu Ihnen ins Büro oder wollen Sie zu mir kommen?«

K: »Einen Moment, bitte. Nächste Woche – hm, ja, der Freitag ist gut. Da kann ich um 15 Uhr. Ich glaube, im Büro ist es zu hektisch. Bei uns ist auch freitags immer noch viel los. Ich komme lieber zu Ihnen.«

C: »Fein. Dann sehen wir uns am nächsten Freitag um 15 Uhr bei mir. – Kennen Sie den Weg?«

K: »Ja. – Gut, das wäre es dann wohl erst mal. Vielen Dank.«

C: »Ich danke Ihnen für Ihr Interesse und freue mich, Sie kennen zu lernen. Bis dahin alles Gute.«

Kommentar zum ersten Kontakt

Der Klient ruft einen ihm bis dato unbekannten Coach an und möchte gern Näheres über den Coaching-Prozess wissen. Der Coach verhält sich zunächst zurückhaltend, um einen Eindruck von der Motivation zu gewinnen und sich grob darüber zu orientieren, wie ein Coaching in die Firmenkultur eingebettet ist. Der Vorschlag zu einem Treffen liegt nahe, weil das Interesse, zumindest die Neugier, verbunden mit einem gewissen Leidensdruck, aufrichtig scheint.

Das erste Treffen

Herr Ritter kommt mit einigen Minuten Verspätung zur Verabredung. Nachdem das Ritual der Begrüßung vorbei ist, wählt Herr Ritter seinen Platz. Coach und Klient sitzen diagonal zueinander.

Erste persönliche Begegnung

C: »So, Herr Ritter, ich bin Ihnen bei unserem Telefonat eine Antwort schuldig geblieben. Sie fragten mich nämlich, wie so ein Coaching ablaufe. Möchten Sie, dass ich darauf sofort antworte, oder wollen Sie mir erst einmal ein wenig erzählen, wo Ihnen der Schuh drückt?«

K: »Hach, das hatte ich gar nicht bemerkt. – Also, vielleicht erzähle ich Ihnen erst einmal ein paar Sachen von meiner Arbeit. Ich nehme an, dass das wichtig für Sie ist. Hm, wo fange ich denn an? – Okay, ich sagte Ihnen ja schon am Telefon, dass ich vor einer Herausforderung stehe und noch nicht so recht weiß, was ich mit ihr anfangen soll. Ich bin seit einem Jahr Abteilungsleiter. Meine Abteilung ist recht groß und gliedert sich in Projektteams auf. Insgesamt sind wir 37 Leute. Zum Teil führen die Leiterinnen und Leiter – ich habe alle von meinem Vorgänger, der in Pension ging, übernommen – ihr Eigenleben. Ein paar Neider sind auch darunter. Denn ich wurde aus ihren Reihen für die Nachfolge rekrutiert. Irgendwie kann ich mich nicht richtig durchsetzen. Und ich will doch keinen Streit! Wissen Sie, mir ist damals, als ich befördert wurde, kaum Zeit eingeräumt worden, mich richtig einzuarbeiten. Ein neues und extrem wichtiges Projekt in der Abteilung wurde gleichzeitig angetrieben. Und ausgerechnet in diesem Projekt komme ich mit dem Leiter nicht klar. Na ja, und als sei das nicht schon genug Stress, wird bei uns andauernd umstrukturiert. Von der neuen, demnächst anstehenden Umorganisation ist meine Abteilung wahrscheinlich betroffen. Das gibt noch ein schönes Tohuwabohu! – Ehrlich gesagt, weiß ich wirklich nicht, ob ich das will. Andererseits ist es natürlich spannend. Und ich will meine Chefin nicht enttäuschen. Sie hat mich geholt, obwohl ich mit Ende dreißig einer der jüngsten in der Position bin. – Ich hatte schon überlegt, ob ich nicht so ein mehrwöchiges Seminar mache. Aber, ich sagte das ja schon am Telefon, erstens habe ich dafür keine Zeit. Und zweitens ist das so ein Gießkannenprinzip. Ich glaube

Die Herausforderung

Mögliche Auswirkung nicht, dass mir das viel bringen würde. Deshalb kam ich ja darauf, eine Einzel-Beratung zu machen. Obwohl – na ja, in unserer Firma wäre ich der Erste. Und ich bin mir durchaus nicht ganz im Klaren darüber, wie das wirkt, also was andere über mich denken würden, wenn sie davon erfahren. Was sind denn so Ihre Erfahrungen, wenn ein Manager der Erste ist, der so was macht?«

Zwei Möglichkeiten C: »Hm. Das sind sehr viele Aspekte, die Sie bewegen. – Zunächst zu Ihrer letzten Frage. – Nun ja, Herr Ritter, das kommt ganz darauf an, wie wir arbeiten. Es gibt zwei Möglichkeiten. Die erste ist, dass wir im Verborgenen arbeiten. Das heißt, wir treffen uns immer hier zu Sitzungen, in denen wir besprechen, was Sie bewegt. Die zweite Möglichkeit ist, dass ich Sie für einige Tage im Unternehmen auf Schritt und Tritt begleite. Ich nenne das ›Schatten spielen‹. Anschließend würden wir uns zu Sitzungen treffen. Bei dieser Version erführen natürlich viele aus Ihrem Unternehmen, dass Sie ein Coaching machen.«

K: »Ach so. Aber sagen Sie mal, wie wollen Sie denn professionell beraten, wenn wir uns nur zu Sitzungen treffen? Sie müssen doch wissen, wie ich arbeite und so weiter.«

Schattentage C: »Genau das ist der Grund, weshalb ich es bevorzuge, Schatten zu spielen. Ich bin dann nicht nur auf das angewiesen, was Sie mir erzählen, sondern kann eigene Eindrücke sammeln. Und zwar sowohl von Ihrem Umfeld als auch davon, wie Sie sich verhalten. Ich kann dann in unserer gemeinsamen Arbeit aus einem breiteren Fundus schöpfen und insofern, wie Sie es sagen, professioneller agieren und Ihnen ein kompetenterer Gesprächspartner sein. Aber das hieße: Sie würden sich exponieren.

K: »Also vernünftig finde ich Ihr Vorgehen. Ich bin mir nur unsicher, wie man mir das auslegen würde. Ob ich als schwach gelten würde, als jemand, der es allein nicht schafft. – Welche Erfahrungen haben Sie da?«

C: »Entschuldigen Sie, diese Frage habe ich vorhin noch nicht beantwortet. Nun, meine Erfahrung ist die – toi, toi, toi – , dass die Klienten, die als Vorreiter wirkten, Kolleginnen und Kollegen nachzogen. In einigen Firmen gilt es inzwischen sogar als schick, einen ›Personal coach‹ zu haben. Bisher sind meine Erfahrungen bezüglich der Breitenwirkung gut. Natürlich macht sich erst mal eine große Verwunderung breit. Es wird getuschelt, manchmal kursieren auch Gerüchte. Je offensiver der Klient mit der Situation umgeht, desto schneller wechselt diese Phase zu der der Neugier und des Interesses. Ist dieser Status erreicht, haben Sie nichts mehr zu befürchten. Denn normalerweise werden Sie für Ihren Mut bewundert. Und wenn sich die ersten positiven Wirkungen zeigen …«

K: »Stimmt, eigentlich ist es ziemlich mutig, so offen zu zeigen, dass man sich Unterstützung holt. Eine Art Stärke, nicht? – Hm, eigentlich spannend, das Ganze.«

C: »Herr Ritter, Sie müssen sich dazu ja nicht jetzt sofort entschließen. Gehen Sie einfach einmal schwanger mit der Vorstellung. – Welche Fragen kann ich Ihnen jetzt noch beantworten, damit Sie eine gute Grundlage für Ihre Entscheidung haben, ob Sie mit mir zusammenarbeiten möchten?«

K: »Tja, was würde das denn kosten? Und wie viele Schattentage würden Sie denn machen wollen? Und wie viele Sitzungen wären nötig? Wie lange dauert so ein Coaching eigentlich?«

C: »Das sind viele Fragen. Nun, ich kann Ihnen sagen, was ein Schattentag kostet, nämlich …; pro Coaching-Stunde berechne ich … . Diese Angaben kann ich Ihnen verbindlich machen. Ihre weiteren Fragen kann ich leider nur ungefähr beantworten. Mein Vorschlag wäre, dass wir mit drei Schattentagen einsteigen, anschließend eine ausführliche Reflexionssitzung haben, für die Sie drei bis vier Stunden ansetzen müssten. In dieser Sitzung sichten wir das Material, das wir gewonnen haben, und widmen uns der Frage, was Sie bearbeiten möchten und worauf wir die Schwerpunkte legen. Außerdem würden wir abklären, wie oft wir uns vermutlich treffen sollten. Die normalen Sitzungen dauern übrigens zwischen eineinhalb und zwei Stunden. – Stellt Sie diese Antwort erst einmal zufrieden?«

K: »Ich denke schon, ja.«

C: »Welche Frage möchten Sie noch geklärt haben?«

K: »Also, hm, nein, im Moment habe ich keine Frage mehr.«

Außenwirkung von Schattentagen

Umdeutung der Außenwirkung

Klärung der Rolle   C: »Gut. Zum Abschluss unseres Gesprächs erlauben Sie mir bitte, dass ich
des Coachs   Ihnen kurz schildere, wie ich meine Rolle verstehe. Ich denke, es ist wichtig für Sie. Ich begreife mich nämlich nicht als Rezeptgeber oder Problem-
löser, sondern als Katalysator. Eine meiner Überzeugungen ist, dass jeder
Mensch für sich selbst am besten weiß, was ihn belastet und welche Lösungen für ihn die besten sind. Deshalb sehe ich meine Aufgabe vor allem
darin, Ihnen Fragen zu stellen und Impulse zu geben, gegebenenfalls auch
theoretischen Input zu liefern, um mit Ihnen neue, noch fremde Sichtweisen auszuprobieren. Außerdem betrachte ich Sie als Partner und arbeite
mit offenen Karten. Also keine geheimen Psychospiele.«

K: »Hört sich gut an. Heißt das auch, dass Sie mir keine Tipps geben?«

C: »Nein, das heißt es nicht. Aber ich halte mich mit Tipps sicherlich zurück.
Und wenn ich Ihnen welche gebe, dann stets auf der Grundlage einer gemeinsamen Prüfung. Zuerst sind immer Sie dran. Sie kennen sich und Ihr
Umfeld besser als ich. Deshalb haben Sie letztlich die fundiertere Beurtei-
lungskompetenz. Mein Part dabei ist, mit Ihnen zu klären, welche Optionen Ihnen jeweils zur Verfügung stehen. Entscheiden tun immer Sie.«

K: »Hört sich wirklich interessant an. Den Ansatz finde ich gut. Viele Psychos
oder Berater meinen ja von sich, sie hätten die Weisheit mit Löffeln gefut-
tert. – Gefällt mir, Ihr Ansatz. Passt.«

C: »Ist Ihnen doch noch eine Frage eingefallen?«

K: »Nein, wirklich nicht. – Außer: Wann könnten wir anfangen?«

C: »Oh, danke. Das hört sich an, als hätten Sie sich bereits zur Zusammenarbeit entschlossen. – Sie können aber gern nochmals darüber schlafen.«

K: »Nein, wirklich, das brauche ich nicht. Ich glaube, dass ich bei Ihnen
durchaus richtig bin.«

C: »Herzlichen Dank für Ihr Vertrauen. Ich freue mich sehr über Ihren Entschluss. Nun, um Ihre Frage zu beantworten: Wann möchten Sie denn mit
der Arbeit beginnen? Wir steigen dann mit den Schattentagen ein. Dafür
wäre es sinnvoll, Tage auszuwählen, an denen bei Ihnen viel los ist. Also
Besprechungen, Meetings und dergleichen.«

K: »Okay, das prüfe ich. – Äh, doch noch eine Frage: Wie soll ich Sie denn
einführen, also meinen Mitarbeitern und Kollegen und so vorstellen? Soll
ich die schon vorab informieren?«

C: »Nun, Herr Ritter, die Antwort auf die erste Frage können Sie sich selbst
geben: Sind Sie bereit, zu dem Coaching öffentlich zu stehen, oder möchten Sie es kaschieren?«

K: (lacht) »Ihre Methode wenden Sie wohl immer an, was? – Okay, ich spiele
den Hero und stehe dazu. Also: Ich stelle Sie natürlich als meinen Coach

vor. Und um die zweite Frage gleich mit zu beantworten: Ich informiere auf jeden Fall meine direkten Mitarbeiter und die Kollegen, mit denen ich direkt zu tun habe, schon mal vorab. Dann halten sich die Gerüchte im Zaum. Am besten wohl, wenn wir ohnehin ein Meeting haben. Hm, meine Chefin natürlich sowieso. Und wenn wir Leuten begegnen, denen ich das noch nicht gesagt habe, eben in der Situation. Okay.«

C: »Fein. Bis wann werden Sie mir sagen können, wann wir von Ihrer Seite aus starten können?«

K: »Ich rufe Sie in der nächsten Woche an oder schicke Ihnen eine E-Mail.«

C: »Gut. Wir klären dann genau die Termine ab und etwaige Fragen zum Prozedere.«

K: »Gut. Jetzt freue mich schon richtig drauf.«

C: »Schön. Eine bessere Motivation kann ich mir kaum vorstellen. Bis nächste Woche, also, und noch einmal herzlichen Dank!«

Kommentar zum ersten Treffen

Im ersten, noch unverbindlichen Gespräch geht es darum, die *Grundlagen für eine Zusammenarbeit* zu legen – oder eben nicht.

Der erste Eindruck

Sympathie und Vertrauen

Klient und Coach wollen wechselseitig einen ersten Eindruck voneinander gewinnen, um die »Wellenlänge«, also die Sympathie oder – noch anders gesagt – zu überprüfen, ob sie miteinander arbeiten können. Wie im ersten Kapitel ausgeführt, wird dieser erste Eindruck weniger von Fakten als von Gefühlen und Intuition getragen. Der Vertrauens- und Zutrauensbonus wird gegeben oder eben nicht. In unserem Fall wird er gewährt.

Inhaltliche Orientierung

Aufnehmen der Botschaften

Der Coach möchte sich inhaltlich orientieren und erste Anhaltspunkte für Fragen erhalten wie: Was bewegt den Klienten? Wie formuliert er seine Situation? Wie begreift er seinen Stellenwert im Geschehen? Wie ist er motiviert? Aus diesem Grund hört er den Ausführungen des Klienten aufmerksam zu und unterbricht ihn nicht. Der Dialog zeigt, dass der Coach die genannten Probleme unkommentiert lässt. Der Coach registriert konflikthafte Aspekte, vermeidet es aber, sie anzusprechen. Dies liegt daran, dass er mit dem Klienten noch nicht in die Bearbeitung einsteigen, sondern zunächst die Konturen erfassen möchte. Er verhält sich vor allem rezeptiv, also aufnehmend.

Künftige Vorgehensweise

Der Coach klärt ab, inwiefern sein Verfahren, mit Begleit- oder Schattentagen zu arbeiten, auf Resonanz stößt. Da dies seinen Arbeitsstil betrifft, ist es wichtig, diesen Aspekt zu thematisieren. Der Dialog offenbart einerseits, dass der

Klient offen oder neugierig ist, andererseits Befürchtungen hegt. Diese beziehen sich auf eventuelle Reaktionen im Unternehmen. Diese Vorbehalte nimmt der Coach auf und macht sie zum Gegenstand der Diskussion. Er begründet seine Vorgehensweise und beantwortet die Fragen, die der Klient dazu stellt – und zwar in der Logik des Sowohl-als-auch. Es ist wichtig, auf suggestive Elemente zu verzichten und dem Klienten die Entscheidung zu überlassen. In dem skizzierten Dialog siegt die Neugier oder das Interesse des Klienten. Dieser Sieg wird zum einen durch sein Bedürfnis befördert, zügig Unterstützung zu erhalten, und zum anderen durch die positiven Erfahrungen, von denen der Coach berichtet. Sie laden den Klienten zur Umdeutung ein (vermeintliche Schwäche wird zur Demonstration von Mut und Stärke). Eine zusätzliche Anregung erhält der Klient dadurch, dass der Coach seine Methode, Fragen zu stellen und die Antwort darauf dem Klienten zu überlassen, anwendet.

Vorgehen abklären

Aufklärung, grundlegende Annahmen und Verfahrensweisen

Obwohl der Klient die grundlegenden Annahmen, mit denen der Coach arbeitet, nicht erfragt, zeichnet der Coach diese in groben Zügen auf. Ich halte es für nötig, im ersten Gespräch, das der Orientierung und Entscheidungsgrundlage dient, aufzufächern, mit welchen Überzeugungen der Coach die Kooperation eingeht und wie er seine Rolle darin versteht. Denn beide Faktoren sind Teile der Voraussetzung der Zusammenarbeit, die an den Klienten bestimmte Anforderungen hinsichtlich seiner Mitarbeit stellen.

Offenlegen der mentalen Arbeitsgrundlage

Neben möglichen Verfahrensschritten klären Klient und Coach formelle Gesichtspunkte, insbesondere Honorarfragen und Fragen zur möglichen Dauer des Coachings.

Um dem Klienten faktisch die Möglichkeit zu geben, seine Entscheidung für oder gegen eine Zusammenarbeit fundiert zu treffen, bietet der Coach ihm wiederholt an, Fragen zu stellen und sich mit dem Entschluss Zeit zu lassen.

Die Schattentage

Wie gesagt, nenne ich es »Schatten spielen«, wenn ich einen Klienten am Arbeitsplatz begleite. Ich möchte Ihnen zumindest einen Einblick in diese Art der »Feldforschung« geben. Die folgenden Bemerkungen sollen Sie in die Lage versetzen, sich einen Begleit- oder Schattentag vorzustellen. Ich werde etwas zum Prozedere sagen und auch Befindlichkeiten und Erlebnisse von Klient und Coach ansprechen.

Im Vorlauf zum ersten Schattentag haben sich Klient und Coach mindestens über drei Dinge verständigt. Erstens darüber, wann der Schattentag beginnt und wann er endet. Außerdem bittet der Coach den Klienten darum, dafür zu sorgen, möglichst zahlreiche und unterschiedliche Situationen in die Abläufe an diesen Tagen einzubauen. Er sollte solche Tage auswählen, an denen »viel los« ist. Dies dient dem Coach dazu, den Klienten in verschiedenen

Zusammenhängen zu erleben. So erhält er ein möglichst reichhaltiges Spektrum an Eindrücken, um Muster in Verhaltensweisen zu identifizieren.

Zur Erinnerung: Von Mustern sprechen wir dann, wenn wir Regelmäßigkeiten, Gewohnheiten, Routinen und typische oder grundlegende Züge erkennen, die sich über verschiedene Situationen hinweg manifestieren. Häufig werden Muster in Verhaltensweisen als konditionale Reaktions- und Aktionsketten geschildert, als »Wenn-dann-Verknüpfungen«. Etwa: »Wenn ein Mitarbeiter sich ständig beklagt, dann werde ich ungeduldig.«

Außerdem ist es ratsam zu verabreden, dass der Coach den Klienten überallhin begleitet. Das bedeutet, dass er aufsteht und ihm hinterläuft, eben beschattet. (Die einzige Ausnahme besteht im Gang zu einem »gewissen Örtchen«. Dafür stimmen beide ein Signal ab oder deuten es verbal an.)

An Schattentagen – so haben meine Erfahrungen gezeigt – ist es wichtig, einige wesentliche Aspekte zu beherzigen. Zunächst, meistens innerhalb der ersten zwei Stunden, empfindet der Klient ein Unbehagen. Dies offenbart sich in Versuchen, Konversation mit dem Coach zu betreiben. Auch wenn es dem Coach schwer fällt und er sich fast unhöflich vorkommt: Er sollte sich kommunikativ zurückhalten. Das bedeutet vor allem, zwar auf Ansprache zu reagieren, aber keine zu suchen oder gar selbst aktiv eine Unterhaltung anzuzetteln. Der Coach muss Schweigen aushalten können.

Im Verlauf der nächsten Stunden, wenn Klienten am PC arbeiten, beginnen sie oft, mit dem PC oder mit sich selbst zu reden. Das ist ein Zeichen dafür, dass sie die Anwesenheit des Coachs vergessen haben. Der Coach registriert diese Unterhaltung, bleibt aber still.

Beobachtung heißt nicht: anstarren! Ein Coach wohnt bei, ist präsent, nimmt auf, und zwar über alle seine Sinneskanäle. Anstarren dagegen bedrängt den Klienten.

Ein Coach benötigt Courage. Es kann ihn selbst peinlich berühren, wenn er dem Klienten auf Schritt und Tritt folgt, zumal ohne immer zu wissen, wohin die Reise geht und wie lange sie dauern wird. Der Klient kündigt das selten an – und wird zuweilen selbst von der Dauer der Gespräche auf seinen Streifzügen überrascht. Oder er trifft die Zielperson nicht an. Es kommt natürlich auch vor, dass der Coach Zeuge einer heftigen Auseinandersetzung wird. Er empfindet vielleicht Scham und möchte sich am liebsten zurückziehen. Oder im Gegenteil: Sein Bedürfnis, die Kontrahenten zur Vernunft zu bringen und sich als Mediator zu betätigen, stichelt ihn dazu an, eingreifen zu wollen. Seine Funktion indes fordert von ihm, den Part des souverän und geduldig schweigenden, gleichzeitig wachsamen Zeugen einzunehmen. In solchen Situationen muss der Coach sehr diszipliniert sein und sich damit begnügen, den Streit als ein Datum in seine Notizen für den Coaching-Prozess aufzunehmen.

Einige konkrete *Beispiele* für prekäre Situationen an Schattentagen möchte ich Ihnen nennen:

Beispiele prekärer Situationen

❖ Ein Klient erinnert den Coach an einen Ping-Pong-Ball. Er spurtet, kaum dass er sitzt, schon wieder los zu einer Person auf demselben Flur, um irgendetwas loszuwerden oder zu fragen. Die Verständigungen währen jeweils nur kurz, zwei bis fünf Minuten. – Die körperliche Bewegung mag dem Coach willkommen sein. Irgendwann aber beginnt er, sich zu fragen, ob es Sinn macht, jedes Mal dem Spurt des Klienten zu folgen, insbesondere, wenn der Klient in Sicht- und Hörweite bleibt. Mutter dieser Frage kann seitens des Coachs das Gefühl des Überdrusses sein, aber auch das Empfinden, sich albern vorzukommen. Beide Affekte sollte der Coach überwinden, um seine Funktion als Schatten zu erfüllen.

❖ Ein Klient konsultiert Kollegen. Nach wenigen Minuten des Wortwechsels verschärft sich die Tonlage. Die Kontroverse eskaliert zum Konflikt. Auch wenn der Coach den Impuls verspürt, mittels einer kurzen Intervention Klärung herbeizuführen – er darf nicht einschreiten!

❖ Ein Klient läuft im Unternehmen, in dem der Coach bereits bekannt ist, herum oder besucht Personen, die den Coach kennen. Oft möchten diese Personen mit dem Coach einige Worte wechseln. Natürlich schmeichelt dieser Ausdruck von Sympathie dem Coach. Er genießt die positive Resonanz. Die Versuchung, den Einladungen zu folgen, ist groß. Aber er muss ihr widerstehen. Diese Selbstdisziplinierung wurzelt nicht einfach im Entgegenkommen, die er dem Klienten schuldet, sondern ist Pflicht. In dem Dilemma, in dem der Coach steckt, nämlich, sich auf den Klienten zu konzentrieren und simultan die freundlichen Avancen auf eine nicht brüskierende Art abzulehnen, muss der Klient den Vorzug erhalten. Denn der Coach befindet sich im Unternehmen, weil er den Klienten in das Zentrum seiner Aufmerksamkeit zu stellen hat. Ferner sollte er die psychologische Dimension nicht unterschätzen: Der Klient kann es als despektierlich und verletzend empfinden, wenn sich der Coach ablenken lässt. Aus der Sicht des Klienten ist dieser »heute nur für mich« da und hat sich »nur mir zu widmen«. – Der Coach hat immer die Möglichkeit, den Gespräch Suchenden seine »Weigerung« auf charmante oder humorvolle Art (nonverbal oder verbal) verständlich zu machen.

❖ Ein Klient sitzt mit Kollegen zusammen. Diese suchen öfter den Blickkontakt mit dem Coach oder sprechen ihn direkt an. Auch dies ist eine unangenehme Situation, weil der Coach »unhöflich« reagieren muss. Wieder ist er gefordert zu signalisieren, für direkte Ansprache nicht zur Verfügung zu stehen. Meistens kommuniziere ich dies nonverbal, beispielsweise durch Kopfschütteln. Je nach Absprache zwischen Klient und Coach hilft der Klient, indem er die anderen Anwesenden darauf hinweist: »Sie ist gar nicht da! Ihr könnt nicht mit ihr reden!«

Die erste Coaching-Sitzung

Im Vorlauf zur ersten Sitzung haben Coach und Klient drei Schattentage miteinander verbracht. Zuvor hatte der Coach den Klienten gebeten, ihm offizielle Informationen über das Unternehmen sowie einen kurzen Lebenslauf von sich zukommen zu lassen. Die drei Begleittage im Unternehmen waren ergiebig insofern, als der Coach den Klienten in unterschiedlichen Situationen erleben konnte. Für die erste Sitzung sind drei bis vier Stunden vorgesehen. Nach der Begrüßung steigen Coach und Klient sofort ins Thema ein.

Besprechen der Schattentage

C: »Tja, Herr Ritter, wir haben drei volle Arbeitstage zusammen verbracht. Wie war das denn so für Sie?«

K: »Na ja, zuerst sehr ungewohnt. Ich hatte ja noch nie einen ›Schatten‹. – Aber, wie Sie sagten: Ich habe Ihre Gegenwart recht schnell vergessen und mich dann wirklich so gegeben, wie ich mich sonst auch verhalte.«

C: »Prima. Was wir heute vorhaben, ist Folgendes: Wir tauschen uns über das aus, was im Verlauf der drei Tage passiert ist. Außerdem können Sie gern Aktuelles hinzufügen. Ich werde Ihnen Feedback über meine Beobachtungen geben und Fragen stellen. Unser Austausch dient dazu, in einem ersten Anlauf festzuzurren, was Sie in unserer Zusammenarbeit zum Thema machen möchten und welche Ziele Sie mit Ihren Anliegen verbinden. Und schließlich ist zu klären, wie wir weitermachen. Ist das okay so?«

K: »Ja, natürlich. Ich bin schon ganz gespannt.«

C: »Wie möchten Sie denn vorgehen? Möchten Sie erst einmal Einiges zu unseren Schattentagen loswerden oder soll ich den Einstieg machen?«

K: »Legen Sie doch mal los. Ich bin wirklich schon ganz gespannt, was Ihnen so aufgefallen ist.«

C: »Gut. Mache ich gern. Sie können mich jederzeit unterbrechen. – Beginnen wir mit den Einzelgesprächen. Ich konzentriere mich vor allem auf das Projektteam, mit dessen Leiter Sie besonders Probleme haben. Mir ist aufgefallen, dass Sie sehr viele Einzelgespräche mit Mitarbeitern führen – auch dann, wenn Informationen, die Sie loswerden wollen, oder Fragen, die Sie haben, das ganze Team betreffen. Ist das eine Beobachtung, die Sie als typisch für sich selber bezeichnen würden?«

K: »Ja, das stimmt. Ich habe inzwischen selber bemerkt, dass ich für solche Zweiergespräche verdammt viel Zeit aufwende. Ich muss zugeben, dass mich sogar meine Chefin schon darauf angesprochen hat. – Da muss ich wohl was tun, zumal meine Aufgaben ja nicht weniger werden.«

C: »Was meinen Sie: Warum tun Sie das?«

K: »Hm, ich fühle mich in Zweiergesprächen am wohlsten. Außerdem denke ich, dass Leute eher was sagen, wenn ich mit ihnen allein rede. Die sind sich im Team ja selbst nicht ganz grün. Wenn ich die Gespräche in der Gruppe führe, dann könnte es zu Streit kommen oder zu polemischen Ausfällen. Dann würden die Gespräche ja noch länger dauern!«

C: »Ich höre da mehrere Dinge heraus. Erstens: Sie befürchten, dass vorhandene Spannungen in einem Gruppengespräch aufbrechen könnten. Stimmt das?«

K: »Na ja, ich fühle mich nicht ganz wohl, wenn die Luft vor Spannung knistert. Tut sie natürlich nicht immer. Aber ich weiß, seit ich das Team führe – also seit ungefähr einem Jahr –, dass es Rivalitäten gibt. Und ich habe keine Lust, dass ein Teamgespräch in ein Tohuwabohu ausartet und ich dann womöglich noch Streitereien schlichten muss! Das sollen die unter sich ausmachen. Ich will ja nur Infos loswerden oder erhalten.«

C: »Was betrachten Sie bezüglich dieses Teams als Ihre Führungsaufgabe?«

K: »Dass die Leute Ergebnisse bringen. Und kreativ sind in ihren Lösungen, also auch selber denken und selbstverantwortlich handeln.«

C: »Wie steht's mit unterstützenden Funktionen, damit das Team effektiv arbeiten kann?«

K: »Ich unterstütze sie informativ.«

C: »Was zeigt Ihre Erfahrung: Reicht das?«

K: »Im Großen und Ganzen schon, ja. Allerdings, hm, muss ich zugeben, dass einzelne Leute aus dem Team öfter zu mir kommen, um mir vorzujammern, wer ihnen mal wieder Böses getan hat und wie arm sie dran sind. Sie bitten mich dann oft, mit denjenigen zu reden, mit denen sie Ärger haben.«

C: »Und: Tun Sie das?«

K: »Bisher habe ich das meistens getan. Kostet mich Zeit und Nerven und eigentlich will und kann ich das auch nicht mehr.«

C: »Wenn Sie einverstanden sind, vertiefen wir dieses Thema später. Ich möchte Ihnen jetzt erst einmal einen Überblick über meine Beobachtungen geben, damit wir Themen sammeln. Ich schlage vor, wir nehmen den letzten Diskussionspunkt im Augenblick unter den Schlagworten ›Teamführung‹, ›Moderation‹ und ›Konfliktbereitschaft‹ auf. Einverstanden?«

K: »Ja, okay.«

C: »Gut. Dann weiter in meinen Beobachtungen. Was mir in den besagten Zweiergesprächen noch auffiel, ist, dass Sie zum Teil sehr ins operative Detail gehen und inhaltliche Fragen bis in die Tiefe diskutieren und sich dort auch, mit Verlaub, einklinken, indem Sie beispielsweise Aufgaben verteilen oder selber welche übernehmen.«

K: »Auch das stimmt. Einerseits macht mir das Spaß. Andererseits kostet mich das natürlich Zeit und Energie. Ich war selber jahrelang mit diesen Dingen beschäftigt und sehe immer noch viele Sachen, die eigentlich die Leute selbst erkennen und auf die sie kommen sollten. Aber das tun sie oft nicht. Deshalb mische ich mich teilweise sehr ein. Wenn ich zum Beispiel dem Kilian nicht gesagt hätte, was er übersehen hat und was er genau machen soll – der wäre nie selbst darauf gekommen! Selbstständig denken und handeln ist weder bei ihm noch bei den anderen groß geschrieben! Manchmal frage ich mich, wofür die bezahlt werden! Und beim Kilian ist das ohnehin eine besondere Sache. Er hätte nämlich meinen Job gern gekriegt. Deshalb lässt er mich gerne auflaufen. – Oder nehmen wir das Gespräch mit Frau Hebu. Mit ihr bin ich extrem vorsichtig. Ich glaube, dass sie viel Potenzial hat, aber im eigenständigen Denken schaltet sie einfach ab. Sie haben ja selbst gehört, was sie mich alles fragt, und dass Sie genaue Anweisungen haben will. Wie soll ich mich denn bei solchen Leuten aus dem Operativen raushalten?«

Führung und Delegation versus Selbstmachen und Intervention

C: »Bevor wir besprechen, was Sie diesbezüglich tun möchten und wie Sie das, was Sie anvisieren, dann umsetzen, schlage ich wieder vor, dies als Thema auf unsere Bearbeitungsliste zu setzen. Wir sammeln noch! Welche Stichworte soll ich Ihres Erachtens notieren?«

K: »Also, hm, sicher mal, dass es mir schwer fällt, die Leute selber machen zu lassen. Ist wohl das Thema ›Delegation‹ nicht? – Dann das Problem mit Kilian. Irgendwie rivalisiert der stark. Ich habe ständig Schwierigkeiten mit ihm. Natürlich weiß ich, dass er mich genauso sieht. – Ich würde als Thema festhalten: ›Beziehung Kilian–Ritter‹. Ist ein Dauerbrenner und ich möchte das lösen. Ehrlich.«

»Beziehung Kilian – Ritter«

C: »Gut. Dem widmen wir uns später im Prozess, ja? – Ich fahre erst einmal mit meinem Feedback fort. Sowohl in den Zweiergesprächen als auch in Teammeetings notierte ich, dass Sie häufig im Konjunktiv sprechen. Worte wie ›hätte‹, ›wäre‹, Entschärfer wie ›vielleicht‹, ›sollten wir‹ oder ›sollte man mal‹ gebrauchten Sie inflationär. Sie formulierten so selbst da, wo es um Absprachen, Aufträge und Terminierungen ging.«

K: »Hm. Das heißt, ich bin zu ungenau, wenn es um Aufträge und so weiter geht?«

C: »Erleben Sie es öfter, dass Mitarbeiter Aufträge von Ihnen anders erledigen, als Sie sich das vorstellen? Oder gar nicht bearbeiten? Oder nicht zu einem Termin fertig sind? Dass also die faktischen Ergebnisse von den geplanten deutlich abweichen?«

K: »Ja, das passiert öfter. Besonders bei Kilian und Hebu, aber auch bei anderen. Ich bin da wohl zu weich. Ich gehe meistens davon aus, dass die Leute wissen, was sie zu tun haben und auch bis zu welchem Termin. Ich setze eben auf Eigenverantwortung und Mitdenken. Aber das funktioniert offensichtlich nicht. Mit der Pünktlichkeit hapert es natürlich auch. Beraume ich ein Meeting um 9 Uhr an, kann ich sicher sein, dass einer meiner Spezies mindestens eine Viertelstunde später kommt. Oft heißt es dann: ›Ach, ich dachte, wir hätten das-und-das gesagt!‹ Bestimmte Leute muss ich fast regelmäßig aus ihrem Büro herausholen!«

C: »Worin könnte Ihr Beitrag zu diesem Verhalten und den damit verbundenen Fehlleistungen liegen?«

K: »Mein Beitrag? – Nun ja, bei Kilian glaube ich, dass er mich einfach boykottiert oder missverstehen will. Auch wenn es um Dinge geht, die ich ihm ausführlich erläutere, ich werde das Gefühl nicht los, dass ich einfach nicht zu ihm durchdringe bzw. dass er mich ganz bewusst falsch versteht.

Bei anderen scheine ich mich in der Tat nicht klar genug auszudrücken. Mal abgesehen davon, dass nicht jeder aufmerksam zuhört. Aber, hm, es kann gut sein, dass ich zu unpräzise bin. Doch, das stimmt schon.«

C: »Es könnte sein, dass die Missverständnisse oder das Unverständnis, auf das Sie stoßen, weitere Ursachen hat. Mir fiel auf, dass Sie insbesondere dann, wenn Sie innerlich angespannt, gereizt oder ungeduldig, aber auch, wenn Sie sehr engagiert sind und Dinge erledigt sehen möchten, dass Sie dann besonders schnell sprechen, Gedankensprünge machen, andere unterbrechen. Ab und zu hatte ich den Eindruck, Ihre Partner seien auf die Rolle von Statisten reduziert.«

Redeverhalten unter Druck

K: »Das ist natürlich heikel. Ich weiß von mir, dass ich schnell rede. Auch, dass ich andere mal unterbreche. – Doch, das tue ich. Hm. Die Folge davon ist, dass mir die anderen nicht mehr folgen können, nicht wahr? Und weil ich darauf verzichte, das, was angekommen ist, zu überprüfen, leiste ich meinen Beitrag zur Misere?«

C: »Nach meinen Beobachtungen klinken sich die anderen einfach aus, wenn Sie in einen Redeschwall verfallen oder oft unterbrechen.«

K: »Zugegebenermaßen liegt das ja nahe. Ich hätte auch keine Lust, mich einzusetzen, wenn ich andauernd unterbrochen werden würde.«

C: »Könnte es sein, dass Sie sich, zumindest manchmal, davor drücken möchten, sich festzulegen oder auch: dass Sie mögliche Konflikte vermeiden möchten, die aufkeimen könnten, wenn Sie bestimmen würden, wer was bis wann zu tun hat?«

K: »Lassen Sie mich überlegen. – Ich würde sagen, dass das ab und zu vorkommt. Aber es ist nicht die Regel. Schließlich will ich die Sachen ja abhaken können. Und natürlich dann, wenn ich mich noch nicht festlegen kann, aus sachlichen Gründen. Und ebenso in Fällen, in denen ich selber noch schwimme. – Sind das zu viele Ausnahmen von der Regel?«

C: »Bevor wir dazu vertieft arbeiten, bitte ich Sie, die Möglichkeit, dass Sie selbst Vorteile von Ihrer Vagheit haben, in Ihre Überlegungen einzubeziehen.«

K: »Ich – Vorteile? Kann ich mir kaum vorstellen. Aber gut. – Das gehört wohl zu dem Themenkomplex ›Führung‹, oder?«

Gesamtthema Führung, Führungsphilosophie

C: »Ja; inklusive: Ihr Selbstverständnis als Führungskraft, Ihre Erwartungen an Ihre Mitarbeiterinnen und Mitarbeiter und dergleichen.«

K: »Soll ich dazu gleich etwas sagen?«

C: »Wenn es Sie sehr drängt, dann ja. Andernfalls möchte ich mit Ihnen unseren roten Faden wieder aufgreifen. Ich möchte gern, dass Sie am Ende unserer ersten Sitzung ein – vielleicht schon nach Gewicht und Präferenz geordnetes – Sammelsurium von Themen erkennen, das wir vor allem aus den Schattentagen gewonnen haben. Ziel ist, dass Sie einen Überblick erhalten. Dazu sollten wir uns das Bild als Ganzes anschauen. Einzelne Puzzleteilchen herausnehmen, um sie konzentriert zu beleuchten, können wir dann immer noch.«

K: »Ja, klar. In Ordnung. Es ist wohl wie in den meisten Meetings: Man neigt dazu, sich zu verzetteln.«

C: »Insbesondere, wenn einem Themen oder, wie in unserem Fall, Feedback sehr nahe gehen. Denn unsere Arbeit dreht sich ja um Ihre Person.«

K: »Das ist ja das Besondere. Klar, dass ich nicht alles gern höre. Sie meinen, ich rechtfertige mich selbst, hm?«

C: »Egal, ob wir Ihre Einwendungen oder Kommentare als Rechtfertigung betrachten oder nicht, Herr Ritter. Worauf es uns momentan ankommt, ist, dass wir uns darüber klar werden und nach Möglichkeit auch darauf einigen, welche Themen wir aus dem Fundus herauskristallisieren. Was Sie konkret bearbeiten möchten, entscheiden letztendlich ohnehin Sie selbst. Gehen wir weiter?«

K: »Ja, bitte.«

C: »Ich möchte Ihre Aufmerksamkeit noch auf zwei Aspekte lenken. Der eine betrifft Ihre Art, mit Ihrer Chefin zu sprechen. Die andere zielt auf Ihre Art, wie ich Sie in zwei Meetings erlebt habe. Bezüglich Ihrer Kommunikation mit Ihrer Chefin fiel mir auf, dass Sie sich sehr um ihr Wohlwollen bemühen. Beispielsweise dadurch, dass Sie mit vielen Kleinigkeiten schnell mal zu ihr hinüber ins Zimmer laufen, um sie ihr mitzuteilen. Oder dadurch, dass Sie mit Neuigkeiten sofort zu ihr hinüberstarten. Mir fiel natürlich auch auf, dass Ihre Chefin ein eher extrovertierter Typ ist und diese Art lockerer Zwischendurch-Kommunikation und Atmosphäre schätzt und selbst praktiziert.«

Beziehung zur Chefin und Konfliktbereitschaft

K: »Ja, das tut sie. Sie ist ein sehr offener Typ und braucht viel mündliche Kommunikation. Darauf habe ich mich eingestellt. Das fällt mir nicht schwer, weil ich ähnlich strukturiert bin. So zu arbeiten gefällt mir, weil immer ein gewisser Schwung da ist. Allerdings, manchmal wird es mir fast zu viel. Und wenn ich darüber nachdenke, könnte mein Verhalten sogar so wirken, als wollte ich mich einschmeicheln. Das liegt mir fern. Mir geht es darum, mich mit ihr gut zu verstehen. Sie hat mich auch protegiert.«

C: »Mit anderen Worten, Sie sind ihr dankbar?«

K: »Ja, es geht schon in die Richtung.«

C: »Das ist verständlich. Wie nehmen Sie Ihr eigenes Kommunikationsverhalten bei Meinungsverschiedenheiten ihr gegenüber wahr?«

K: »Sie haben ja drei oder vier Beispiele mitgekriegt, nicht? Also ich denke, dass ich das relativ klar kommuniziere. Allerdings gehe ich nicht auf Konfrontationskurs, wenn Sie das meinen. Ich bin nicht gerade versessen darauf, mit ihr sehr kontrovers zu debattieren. Ich mag einfach Streit nicht. Lohnt sich auch selten.«

C: »Wenn Sie einverstanden sind, bleiben wir unserer Devise treu: Wir nehmen in diesem Durchlauf erst einmal Themen auf. – Wie würden Sie das Thema titulieren?«

K: »Ich weiß, dass ich mich auch hier darum drücke, Konfrontationen zuzulassen. Meine Partnerin hat mir das auch schon vorgeworfen. Also geht es wieder um ›Konfliktbereitschaft‹, nicht?«

C: »Darin teile ich Ihre Sicht. Ich vermute, es geht auch um ›Abgrenzung«. Damit meine ich, dass es Ihnen zeitweise schwer fällt, sich als Person von Ihrer Chefin in der Weise zu distanzieren, dass Sie Mut zu einem eigenen Profil haben. Mein Eindruck ist ferner, dass Sie recht viel zurückstecken. Die Transaktionsanalyse spricht vom Rabattmarken-Kleben. Damit ist gemeint, insbesondere negative Gefühle wie Wut, Ärger, Enttäuschung runterzuschlucken und mehr oder weniger so zu tun, als sei nichts passiert.«

K: »Hmhm. Darüber werde ich nachdenken. – Und was ist Ihnen bei den Meetings aufgefallen?«

C: »Ich habe zwei Meetings supervidiert. Bei beiden fielen mir folgende Punkte auf: Sie strukturieren Ihre und die Beiträge anderer recht gut, indem Sie die Gedanken verfolgen, resümieren und an sie anknüpfen. Sie wirken souverän und stecken mit Ihrer Begeisterung andere an. Meine Fragezeichen richten sich auf folgende Beobachtungen: Beide Male saßen Sie neben Ihrer Chefin, obwohl ihre Anwesenheit mehr Gast-Charakter hatte. Ihr Blickkontakt lief vor allem zwischen Ihnen und ihr sowie zwischen Ihnen und einem Ihrer Mitarbeiter, Herrn Romm. Außerdem notierte ich mir, dass Sie in beiden Fällen selbst moderierten. Schließlich möchte ich noch anmerken, dass Sie selbst dann viel gesprochen haben, wenn die Angelegenheit in das Fachgebiet einer Ihrer Kollegen fiel.«

Redequantität in Meetings und Moderation

K: »Ich möchte dazu was sagen. Es stimmt, ich sitze eigentlich immer neben Frau Dr. Reil. Hat sich so eingespielt. Dann können wir uns auch während des Meetings in wichtigen Fragen schnell verständigen. Aber natürlich – das ist vielleicht gar nicht so gut. Wirkt vielleicht auf die anderen wie eine Phalanx. – Die Sache mit dem Blickkontakt. Frau Dr. Reil und ich stimmen uns oft so ab. Dass ich den Blickkontakt vor allem auf Herrn Romm richte, ist mir nicht bewusst. Aber das kann stimmen. Er ist ein sehr guter Mitarbeiter, erfahren und außerdem verstehe ich mich mit ihm hervorragend. Wir flachsen viel herum, zum Beispiel wenn wir gemeinsam auf Kundenbesuchen sind. Oder wir spinnen einfach mal so. Kreatives Chaos. Er kann Sachen locker sehen, wo andere bierernst sind, und ist gleichzeitig sehr zielorientiert. Er ist für mich eine wichtige Stütze auch in der Führung meiner Führungskräfte-Crew. – Na ja, wenn Ihnen das auffällt, wird es auch den anderen auffallen, was? Von einem Moderator ist das natürlich nicht besonders geschickt. Mein Anspruch ist ja schon der, dass ich alle Anwesenden einbeziehe. Ach ja, Sie haben Moderation auch angesprochen. Sie meinen, es wäre zu überdenken, ob ich dies nicht einmal abgeben kann? Hm, also ehrlich gesagt, würde ich das gar nicht so gern machen. Ich weiß ja nicht, wie das ankäme. Andererseits könnte ich mich entlasten und auch nur mal mitdiskutieren. In dem Fall wäre es doch durchaus in Ordnung, wenn ich viel reden würde, oder? – Sie sagten auch, ich hätte praktisch für meine Leute gesprochen, anstatt sie selbst zu Wort kommen zu lassen. Das Thema ist eben sehr spannend und das neue Projekt extrem wichtig für die Firma und auch für mich!«

C: »Ja, mit besonderem Engagement geht bei uns Menschen häufig einher, dass wir selbst viel reden, Vorschläge machen, Ideen entwickeln und gleich loswerden wollen. Je mehr uns etwas interessiert, desto schwerer fällt es uns zuzuhören, abzuwarten, als Moderatoren: zu strukturieren, zusammenzufassen und erst – zugespitzt gesagt – als Letzte in der Kette der Akteure wirklich aktiv zu sein. Ihr Verhalten ist also aus dieser Perspektive verständlich. Verständlichkeit, Nachvollziehbarkeit sind das eine. Das andere ist, ob wir mit einem Verhalten, das wir zeigen, diejenigen Wirkungen bei anderen hervorrufen, die wir erzeugen wollen. Ist das der Fall – prima. Ist das nicht der Fall – dann sollten wir darüber nachdenken. Jedes Nachdenken startet bei einer Bestandsaufnahme. An diesem Punkt befinden wir uns jetzt. – Noch einmal, Herr Ritter, es geht im Moment noch nicht darum, dass Sie sich für bestimmte Maßnahmen und Ziele entscheiden. Bevor das geschieht, sollten wir in einem ersten Schritt – und bei dem sind wir gerade – das Gesamte vergegenwärtigen. In einem zweiten Schritt werden wir herausschälen, was Ihnen besonders am Herzen liegt, und in einem dritten machen wir uns daran, Alternativen und Verbesserungen zu entwerfen. – Um den ersten Schritt vorerst abzuschließen: Welche Themen schlagen Sie vor, um Ihr Verhalten in Meetings in Worte zu kleiden?«

K: »Offensichtlich moderiere ich nicht professionell. Wenn Sie mir dazu Tipps geben könnten, wäre ich dankbar. Dazu zähle ich jetzt auch, dass ich den Blickkontakt zu allen herstellen sollte. Also ›Moderation von Meetings‹. Und ich sollte nicht so dominieren, nicht wahr? Können wir das auch noch dem Thema ›Moderation‹ zurechnen?«

C: »Ja, wenngleich ich vermute, dass viel mehr oder etwas anderes dahinter steckt. – Um nicht orakelhaft zu reden: Sie erinnern sich vielleicht daran, dass ich sagte, ich würde viele Fragen stellen. Eine der zentralen Fragen ist: Welche Funktion hat das, was wir tun? Welche Vorteile oder welchen Nutzen bringt es uns? Und: Können wir diesen Nutzen, so weit wir ihn denn brauche, ersetzen, also gleichwertige Alternativen finden? – Diese Fragen werden wir, wenn Sie daran arbeiten möchten, auch an Ihr Verhalten in Meetings stellen. – Okay, fassen wir zusammen. Als Themen haben wir heute aufgenommen: Teamführung, Moderation, Konfliktbereitschaft (in Bezug auf Team, Mitarbeiter, Chefin), Delegation (Mitarbeiterführung), Beziehung ›Kilian–Ritter‹. Möchten Sie an der Liste etwas ändern?«

K: »Nein. Ich denke, das ist das, was wir angesprochen haben. Und so, wie ich es momentan sehe, sind das auch im Wesentlichen die Dinge, die mir zu schaffen machen. Wie geht es denn jetzt weiter?«

C: »Für heute verbleibt uns noch dies: Ich möchte Ihnen eine Art Hausaufgabe auf den Weg geben, die uns als Grundlage für die nächste Sitzung dient. Und dann möchte ich mit Ihnen weitere Termine ausmachen. Einverstanden?«

Hausaufgabe

K: »Sicher. Äh, was die Hausaufgabe betrifft: Ich weiß nicht, ob ich dazu kommen werde.«

C: »Nehmen Sie es sich bitte vor. Schaffen Sie es nicht, bearbeiten wir die Fragen hier. Ich will Ihnen nicht zu viel zumuten. Nichtsdestotrotz wäre es hilfreich, wenn Sie Folgendes vorbereiten könnten: Sie haben sich die Themen von heute notiert. Gut. Bitte erstellen Sie eine Rangfolge dieser Themen und formulieren Sie zu jedem Thema Ihre wichtigsten Fragen und Ziele jeweils mit Begründung. Sie brauchen keinen Roman zu schreiben, Stichworte genügen.«

K: »Gut. Soll ich das tippen, damit Sie die gleiche Unterlage haben?«

C: »Das überlasse ich Ihnen. Wichtig ist die Vorbereitung. – Was unsere weitere Arbeit betrifft, kann ich noch nicht absehen, wie viele Sitzungen wir noch benötigen werden. Wenn Sie zustimmen, würde ich heute gerne drei weitere Termine mit Ihnen ausmachen.«

K: »Ja, gern. Wie passt es Ihnen denn? Ich kann in den nächsten drei Wochen pro Woche sicher an einem Tag.«

Die drei Termine werden ausgemacht; zeitlich sind jeweils 90 bis 120 Minuten vorgesehen.

Kommentar zur ersten Sitzung

Wie angekündigt, ist die Gesprächsführung im Dialog auf wesentliche Aspekte komprimiert.

Sitzungseröffnung

Der Coach lässt den Klienten entscheiden, wie die Sitzung eröffnet wird, durch ein Feedback vom Coach oder durch das Selbsterleben des Klienten.

Einstieg in die erste Sitzung: Der Klient wählt

Zu diesem Vorgehen möchte ich Folgendes anmerken. Dem Klienten den Vortritt zu lassen verleiht dem Coach Einblicke in das, was dem Klienten wichtig ist, was ihn an den Tagen beeindruckte und beschäftigte, wie er sich selbst sieht und dergleichen. Tut er dies freiwillig, ist also intrinsisch motiviert, sollte der Coach ihm aufmerksam zuhören. Klienten, die sich mitteilen möchten, nehmen die Einladung gern und sofort an. Die Offerte, auswählen zu können, gibt dem Klienten Freiraum. Er kann »ja« sagen und loslegen. Er kann aber auch ablehnen und dem Coach den Vortritt lassen und somit seine Neugier befriedigen oder Ängste kontrollieren und Vertrauen in das grundsätzliche Wohlwollen, die konstruktive Haltung des Coachs gewinnen.

Dem Klienten die Wahl zu überlassen, berücksichtigt die innere Anspannung und damit verbundene Psychodynamik. Stellen Sie sich vor, Sie erwartet ein höchstpersönliches Feedback. Gehören Sie zu den Naturen, die souverän sind und eher mit den eigenen Schwächen kokettieren, als an ihnen zu zerbrechen? Streben Sie ernsthaft Veränderungen an oder ist es Ihnen grundsätzlich gleichgültig, wer die Rückmeldung startet? Gehören Sie zu den Menschen, die prinzipiell an sich zweifeln und eigene Schwächen als Scham empfinden? Dann werden Sie (vielleicht in ängstlicher Erwartung eines niederschmetternden Blitzes) den Coach um das erste Wort bitten. Gemäß der Devise: »Je eher daran, je eher davon«, wollen Sie das Feedback über sich ergehen lassen und jedenfalls schnell hinter sich bringen. Gehen Sie mit einem beherzten Interesse kritisch und konstruktiv mit sich selbst um? Dann werden Sie dazu neigen, zuerst eigene Urteile, Eindrücke und Vermutungen äußern zu wollen. Sie streben an, in einer ersten Annäherung an das Kommende Ihre Reflexionen und

Gefühle unbeeinflusst zu formulieren und als Diskussionsbasis zur Verfügung zu stellen. Ihnen ist es in diesem Fall ein Anliegen, Selbst- und Fremdbild unter die Lupe zu nehmen. Sie möchten Neues erkennen, lernen und gegebenenfalls realisieren.

Fazit aus der Sicht des Coachs: Indem er die Wahl freistellt, erfährt er über inhaltliche Fragen hinaus etwas vom Klienten, nämlich dessen Grundhaltung und Neigung, die eigene Person (auch: im Umfeld) zum Gegenstand des Nachdenkens zu machen. Diese Haltung zu entdecken ist seitens des Coachs für die Entscheidung der Frage essenziell, wie er mit dem Klienten arbeitet.

Schattentage

Klient und Coach gehen zusammen die Schattentage durch. Dabei konzentriert sich der Coach darauf zu beschreiben. Er bemüht sich zudem, den Klienten zu bewegen, von Bewertungen ebenfalls abzusehen.

Reflexion Schattentage

Die Zurückhaltung hat ihren Sinn. Im Anfangsstadium der Coaching-Arbeit sollen die Beschreibungen den Klient sensibilisieren für seine eigenen Deutungen und sein Verhalten sowie für die Wirkungen, die er erzeugt bzw. hervorrufen kann. Der Coach lenkt das Gespräch so, dass der Klient die einzelnen Punkte unter dem Aspekt »Wo besteht Handlungsbedarf?« betrachtet. Die Beschreibungen sollen das Nachdenken anregen sowie neue Sichtweisen und Möglichkeiten mobilisieren.

Gesprächsführung

Der Coach registriert, dass einige Beobachtungen, die er wiedergibt, im Klienten den Wunsch entzünden, sofort tiefer zu gehen und nach Lösungen zu suchen. Der Coach wägt ab, wann er diesem Bedürfnis durch Nachfragen nachgeht und wann nicht. Insofern führt er den Dialog direktiv. Seine Entscheidung, dem Wunsch zu folgen oder nicht, richtet sich nach Folgendem:

Streifzug und selektive Vertiefung

- ❖ die (von ihm vermutete) Vielschichtigkeit des Phänomens oder Problems,
- ❖ die damit verwobene (vermutliche) Einbettung in die motivationale Disposition des Klienten,
- ❖ die augenscheinliche Dringlichkeit, mit der der Klient agiert,
- ❖ das Interesse des Coachs, die eventuelle Mehrdimensionalität umgehend zu überprüfen sowie

❖ dem Klienten die Möglichkeit einzuräumen, problematische Aspekte selbst zu entdecken, thematisch einzuordnen und damit schwanger zu gehen.

An einigen Punkten interpretiert der Coach und gibt seine Auslegung an den Klienten weiter. Seine Interpretationen dienen dabei als Arbeitshypothesen.

Interpretationen als Angebot

Dabei geht der Coach folgendermaßen vor: Er formuliert seine These als Vorschlag und bittet den Klienten, diese Möglichkeit in seine Überlegungen einzubeziehen. Dieser didaktische Zug soll den Klienten für Sichtweisen öffnen, die dieser zunächst kategorisch oder tendenziell ablehnend beurteilt, die aber aus der Sicht des Coachs zutreffen könnten. Mit anderen Worten: Der Coach erweitert den Raum der Eventualitäten und er appelliert an den Klienten, mit diesem Vorschlag zumindest gedanklich zu experimentieren.

Methodisch geht der Coach im Gespräch vorwiegend so vor, dass er Beobachtungen äußert, diese sozusagen »in den Raum stellt« und auf den Kommentar des Klienten wartet. Das Antwortverhalten zeigt dem Coach, wie sich der Klient zu den Beobachtungen stellt, ob affirmativ, indifferent oder negierend, ob zögernd oder entschieden, ob sich öffnend oder verschließend. Diese Reaktionsarten sind ein weiterer Baustein in seinem Puzzle. So erhält er Informationen darüber, welchen Stellenwert die Beobachtungen bzw. daraus entwickelte Themen beim Klienten einnehmen und wie und wozu der Klient motiviert ist.

Die zweite Coaching-Sitzung

C: »Ich grüße Sie, Herr Ritter! – Wie geht es Ihnen?«

Hellhörige Begrüßung

K: »Eigentlich ganz gut. Danke. Ist viel los im Moment.«

C: »›Eigentlich‹ bedeutet eine Einschränkung.«

K: »Jahaa. Es gibt halt zurzeit viel Arbeit und ehrlich gesagt: Ich würde gerne mal hören, was gut läuft. Stattdessen schauen alle nur auf das, was verbessert werden muss oder noch fehlt. Natürlich weiß ich, dass Führungskräfte nicht dafür bezahlt werden, Streicheleinheiten zu kassieren. Aber ab und zu wäre das schon angebracht.«

C: »Von wem vermissen Sie denn positives Feedback?«

Einkreisen der aktuellen Problematik

K: »›Vermissen‹, ich weiß nicht, ob das das richtige Wort ist. Ich würde von meiner Chefin, aber auch von Kollegen aus benachbarten Abteilungen gerne mal ein Lob hören. Denn was mein Projektteam und meine Abteilung in den letzten Monaten auf die Beine gestellt hat – dafür bräuchten die anderen Jahre!«

C: »Sie meinen also, Ihr Einsatz und der Ihrer Leute wird zu wenig wahrgenommen?«

K: »Finde ich schon, ja. Aber was soll’s! Solange es läuft und funktioniert … Wenigstens wird das registriert. Ist ja auch eine Art Anerkennung, oder? Na ja, was soll’s! Ich bin nur froh, dass sich alles gut entwickelt – trotz der Reibereien untereinander und anderer Hürden. Die Leute setzen sich alles in allem wirklich ein und einige rackern sich regelrecht ab.«

C: »Ich kann mich des Eindrucks nicht erwehren, dass Sie sich trotz alledem Sorgen machen. Was bereitet Ihnen denn Kopfzerbrechen?«

K: »Hach – das sind mehrere Sachen. Das Gravierendste ist, dass ich befürchte, das Niveau des neuen Projekts nicht halten zu können.«

C: »Inwiefern oder warum steht das Niveau denn zur Disposition?«

K: »Der Projektleiter ist der Kilian! Den haben Sie ja kennen gelernt. Er trägt eigentlich die Verantwortung für das Projekt und muss mir berichten. Ich hatte ja bereits erwähnt, dass es mit der Kommunikation zwischen uns beiden nicht klappt. Er kann einfach nicht reden. Oder will es nicht. Jedenfalls tut er es nicht.«

C: »Was bedeutet: Er trägt ›eigentlich‹ die Verantwortung?«

K: »Na ja, weil faktisch alles direkt über mich läuft. Er ist einfach unfähig oder unwillig oder beides, richtig zu kommunizieren.«

C: »Inwiefern gefährdet diese Schwierigkeit aktuell oder zukünftig das Niveau des Projekts?«

Vertrauen K: »Ich gebe Ihnen ein Beispiel. Wenn Kilian mich nicht vernünftig informiert über alle Abläufe, den Status quo, die Probleme und so weiter, dann kann ich nicht richtig planen und budgetieren. Bisher funktioniert das nur, weil ich von seinen Mitarbeitern in den Einzelgesprächen Wichtiges erfahre. Aber die will ich ja einschränken und dafür mehr Teamgespräche führen und mich mehr auf Kilian verlassen! Also müsste sich die Verständigung zwischen Kilian und mir verbessern. Ich sehe aber nicht, wie!«

C: »Ausgehend von Ihrem Ziel ›Projekt-Niveau halten‹: Warum möchten Sie gerade jetzt damit beginnen, die Einzelgespräche zu beschränken?«

K: »Dazu haben Sie mir doch geraten!«

C: »Habe ich das wirklich getan?«

Selbstverständnis K: »Nein, nicht wirklich. Wir haben aber immerhin mehr Nach- als Vorteile herausgefunden. – Okay, Ihre Frage ist berechtigt. Also warum will ich damit gerade jetzt anfangen? – Wir hatten ja darüber gesprochen und ich habe alles noch einmal Revue passieren lassen. Dabei habe ich festgestellt, dass ich tatsächlich zu viel Zeit damit verbringe, mit den Leuten einzeln zu reden. Was ich zusätzlich herausgefunden habe, ist, dass mich einzelne als Mülleimer benutzen, so nach dem Motto: ›Alles mal abladen‹. Andere gebrauchen mich mehr als guten Onkel; frei nach der Devise: ›Heul dich bei ihm aus, er wird's schon richten.‹ Und sie instrumentalisieren mich noch in einer weiteren Hinsicht. Insbesondere Kilians Mitarbeiter im Projekt, die Konfrontationen mit ihm vermeiden wollen, weinen sich bei mir aus. Sie beschweren sich bei mir über ihn und fordern mich auf, etwas zu unternehmen. Fazit: Ich lege mich mit Kilian an, während die eigentlichen Akteure die lieben Kinder spielen und in sonniger Harmonie leben!«

C: »Und von all dem haben sie die Nase so voll, dass sie umgehend etwas ändern möchten?«

K: »So ist es. Ich habe keine Zeit und keine Lust mehr auf diese Spielchen. Ich will einfach nicht mehr die Rolle des Deppen übernehmen. Punkt.«

C: »Mülleimer, guter Onkel, Instrument und Depp – eine Menge Rollen, die Sie da spielen.«

K: »Eben.«

C: »In welche Rolle wollen Sie denn zukünftig schlüpfen?«

K: »In die eines professionellen Chefs.«

*Zukünftige Rolle/
Selbstverständnis*

C: »Damit bringen Sie einen weiteren Aspekt aufs Tapet, nämlich Ihr Selbstverständnis als Führungskraft. Lassen Sie uns dem für einen Augenblick nachgehen. Haben Sie schon einmal systematisch darüber nachgedacht, was Sie darunter verstehen?«

K: »Ja, natürlich. Das war ja auch eine meiner Hausaufgaben, nicht? Dazu habe ich mir einige Stichworte gemacht.«

C: »Na, dann mal los. Ich notiere Ihre Stichworte auf dem Flipchart.«

K: »Ich lege Wert darauf, selbstständig und eigenverantwortlich handelnde Mitarbeiter zu haben, weil ich keine Lust habe, ihnen ständig zu sagen, was sie tun sollen. Weder bin ich Kindergärtner noch Kontrolleur. Ich will nicht jeden Arbeitsschritt kontrollieren, sondern Ergebnisse. Ich führe insofern ergebnis- und nicht prozessorientiert. Ich begreife mich als ein Chef, der vor allem koordiniert und Dinge strategisch voranbringt. Deshalb kommuniziere ich offen und transparent. Also müssen meine Leute kreativ und initiativ genug sein, Projekte weitgehend allein und auch dann durchzuziehen, wenn Schwierigkeiten auftauchen, egal ob die Probleme sachlich bedingt sind oder sozial. Außerdem verlange ich von Ihnen, dass sie budgettreu planen und agieren.«

C: »Gehen wir doch noch einmal zum Ausgangsthema zurück: zum Projektteam und Ihrer Befürchtung, das Niveau nicht halten zu können. Was möchten Sie von dem, wie Sie sich als Chef verstehen, in Bezug auf das Team in der aktuellen Phase sofort realisieren?«

K: »Auf jeden Fall die offene, faire und sachliche Kommunikation. Ich möchte die Leute zu mehr Selbstständigkeit motivieren und dazu, sich besser als bisher untereinander abzustimmen. Ich will mich aus dem Operativen herausziehen und den Projektleiter tatsächlich in seiner Funktion arbeiten lassen. Das heißt eben, dass die Leute nicht mehr zu mir kommen. Ich möchte nicht mehr Klagemauer sein und auch nicht mehr als Retter in jeder kleinsten Notlage zur Verfügung stehen. – Ich denke, das sind die wesentlichen Punkte.«

C: »Ich fasse zusammen: Sie sehen Ihre Funktion darin, selber klar und sachbezogen zu kommunizieren und dafür zu sorgen, dass die Projektmitglieder, einschließlich des Leiters, eigenständig handeln und sich besser organisieren.«

K: »Ja. Sie sollen unternehmerisch denken und handeln. Ihre Streitereien sollen sie nicht mehr auf mich abwälzen, sondern mich mit ihren Querelen in Ruhe lassen. Nur in äußersten Krisensituationen sollen sie meine Unterstützung einfordern.«

C: »Wir berühren in unserer Diskussion Themen, die wir letztes Mal notiert haben. Besonders relevant scheint mir das Thema ›Konfliktfähigkeit‹ zu sein. Und zwar von Ihren Mitarbeitern wie von Ihnen.«

Konfliktbereitschaft

K: »Wieso von mir? Ich will doch etwas von den Leuten, das ihnen nicht passen wird.«

C: »Eben.«

K: »Verstehe ich nicht.«

C: »Stellen Sie sich ein Kind vor, das gewöhnt ist, sehr umsorgt und gehätschelt zu werden. Es fühlt sich wohl. Es fühlt sich sicher. Es richtet sich in der Fürsorge ein und kann sozusagen ›be-denken-los‹ herumtollen. Eingelassen in diese Wattewolke von Versorgung und Sorglosigkeit wächst es zu einem jungen Erwachsenen heran. Plötzlich sagen die Eltern: ›Ab heute sorgst du für dich allein. Du bist schließlich alt genug, endlich selbstständig zu sein und Verantwortung für dich selbst zu übernehmen.‹ – Wie, meinen Sie, wird der junge Erwachsene reagieren?«

K: »Mit Hilflosigkeit, wahrscheinlich. Mit Empörung und Wut oder Trotz.«

C: »Wahrscheinlich. Und warum ist das wahrscheinlich?«

K: »Weil es bisher die Eltern als liebevoll und fürsorglich erlebt hat und nicht versteht, warum das von einem Tag auf den anderen anders sein soll.«

C: »Wie Sie bereits sagten, ist die Wahrscheinlichkeit hoch, dass das Kind mit Gegenwehr oder Aggression reagiert. Jedenfalls mit Ablehnung.«

K: »Mit anderen Worten: Beide kriegen Stress, das Kind und die Eltern. Die Beziehung ist kaputt.«

C: »Sie ist zumindest vorübergehend gestört. Bezogen auf unsere Ausgangsfrage, warum Ihre Konfliktbereitschaft gefragt ist …«

K: »… heißt das: Ich muss mit Konflikten rechnen, weil ich mein Handeln total revidiere? Das provoziert meine Mitarbeiter, weil sie sich verlassen oder betrogen vorkommen. Weil sie plötzlich allein ›laufen‹ sollen. Sie empfinden meine Wende als Konfrontation.«

C: »Indem Sie die Routine verlassen und die bewährten Muster der Interaktion durchbrechen, werden Sie als provokativ bis feindlich erlebt. Sie müssen also mit Konflikten rechnen – und mit ihnen konstruktiv umgehen. Denn Sie wollen ja das Leistungsniveau behalten. – Ich möchte mit Ihnen dieselbe Frage aus einem weiteren Blickwinkel betrachten: Was hielt Sie bisher davon ab, die Teammitglieder in der Weise selbst arbeiten zu lassen, wie Sie es beabsichtigen oder sich wünschen?«

Konflikte und Lernprozesse

K: »Wir fragten ja schon einmal nach meinem Beitrag zum Problem, nicht? Ich habe mich durchaus geschmeichelt gefühlt, für so viele Leute der Ansprechpartner zu sein und die Zügel in der Hand zu halten. Ich weiß, das ist nicht gerade vorbildlich für eine Führungskraft. Aber ich muss zugeben, dass mir das Gefühl, Respekt, Sympathie und Macht zu haben, ganz gut gefiel. – Aber wie hängt das mit dem Verlauf zusammen, dass die Leute so unselbstständig wurden? Mich ärgert vor allem, dass sie sich gar nicht darum bemühen, selbst zu denken und handeln!«

Der eigene Beitrag zum Problem

C: »Ihre Antwort auf – ich nenne das Verhalten der Kürze halber mal Hilferufe – jene Hilferufe bestand typischerweise darin, die verlangte Unterstützung zu gewähren. Richtig?«

K: »Richtig. Leider.«

C: »Beleuchten wir die psycho- und soziodynamischen sowie die lernpsychologischen Auswirkungen einmal etwas genauer. Indem sie Unterstützung gewährten, haben Sie Ihre Mitarbeiter für ihre Hilferufe belohnt. Das unselbstständige Verhalten wurde von Ihnen positiv verstärkt. Also lernten Ihre Mitarbeiter: ›Wenn ich eine Frage oder ein Problem habe, gehe ich zum Florian Ritter und der nimmt sich meines Problems an.‹«

K: »Das bedeutet: Ich habe dafür gesorgt, dass die Leute so geworden sind, wie sie sind?«

C: »Zum Teil: ja. Das Verhalten konnten sie nur deshalb lernen, weil es ein Komplement, einen Gegenpart gab, der ihren Bedürfnissen Rechnung trug. Das waren Sie. So, wie Ihre Mitarbeiter ein bestimmtes Verhalten gelernt haben, haben auch Sie bestimmte, eben dazu passende Verhaltensweisen gelernt, nämlich die des Unter-die-Arme-Greifens. Sie haben die Rolle des Helfers und Schlichters praktiziert und so das Verhalten Ihrer Mitarbeiter ergänzt.«

K: »Es geht also um Lernprozesse, an denen alle Beteiligten ihren Beitrag leisten?«

C: »Ja. Das stimmt doch sehr zuversichtlich, oder?«

K: »Wieso zuversichtlich? Ich habe offensichtlich einen riesigen und nachhaltigen Fehler gemacht!«

C: »Wenn wir ein Verhalten er-lernen können, dann können wir es auch …«

K: »… ver-lernen! Umlernen.«

Lernprozesse im Dreieck Können, Wollen, Dürfen

C: »Exakt. Lernen ist ein Prozess von Aneignung und Umsetzung, also Übung. Lernen verläuft oder realisiert sich innerhalb von Rahmenbedingungen, die zu lernen erlauben. Wir sind immer Gewordene und Werdende. Führen und Geführt-Werden findet in dem Dreieck von Können, Wollen, Dürfen statt. Können steht für sachliche Kompetenz, Wollen für Bereitschaft oder Motivation und Dürfen steht für Erlaubnis, Freiraum. Unterstellen wir Lernbereitschaft, die Motivation, Veränderungen zu probieren, vollzieht sich ein Lernprozess in kurzen Zeiträumen. Bezogen auf Sie und Ihre Mitarbeiter erwachsen aus diesen Erörterungen zwei Fragekreise: Wer muss was lernen, um welche Ziele zu erreichen? Und: Wem müssen wie und durch wen Lernchancen eingeräumt werden?« (Wieder sind sämtliche Stichworte am Flipchart notiert.)

K: »Also, zuerst einmal folgt aus dem Ganzen ja wohl, dass ich Geduld haben muss?«

C: »Warum?«

K: »Lernen benötigt ja Zeit. Kein Mensch kann einen Schalter in sich selbst einfach umlegen, so nach dem Motto: ›Ab heute bin ich souverän.‹ - Mir kommt das Führungsgeschäft fast wie ein Erziehungsprozess vor.«

C: »Und auch in der Kindererziehung erziehen nicht nur Eltern ihre Kinder, sondern auch umgekehrt, die Kinder ihre Eltern. Es handelt sich bei Erziehung und Führung um Inter-Aktionen, wechselseitige Beeinflussung und Austausch sowie Zumutung von Verhaltenserwartungen. Die Korrelativität ist das Entscheidende.«

Mitarbeiterführung und Freiräume

K: »Wenn ich auf das Dreieck schaue, denke ich, dass meine Leute unterschiedliche Zielpunkte im Lernen haben. Fachliche Kompetenz bei den wenigsten. Und da ist Abhilfe einfach: fachliche Schulung. Das Wollen, die Bereitschaft und Motivation, Verantwortung zu übernehmen und unternehmerisch zu denken, ist absolut unterentwickelt bei fast allen. Tja, und das Dürfen, der Spielraum – das ist ja wohl mein Part, den zu definieren, oder?«

C: »Ja und nein. Auf welcher Grundlage definieren Sie denn, wie viel Handlungsspielraum Sie einem Mitarbeiter überlassen und zumuten können?«

K: »Ich würde sagen: Was er an Können zeigt und auch an Motivation.«

C: »Wie bekommen Sie das raus?«

K: »Durch Beobachtung, Gespräche und Erfahrungen. Durch Erfolge und Misserfolge.«

C: »Weitere, grundlegende Elemente sind Ihre Erwartungen und Anforderungen. Der Referenzrahmen, an dem Sie sich als Führungskraft orientieren, um mitarbeiterorientiert und ihm angemessen zu führen, sodass Erfolgswahrscheinlichkeiten steigen, setzt sich folglich aus mehreren Perspektiven zusammen. Aus dem Mitarbeiter und was er mitbringt; aus der Führungskraft, ihren Vorstellungen und Interessen; aus Aufgaben, Zuständigkeiten und Verantwortlichkeiten einerseits und andererseits den Einstellungen, Normen und Erwartungen. Und dann noch den Rahmenbedingungen, die die Organisation bereitstellt. – Jetzt habe ich viel geredet. Welche Konsequenzen ziehen Sie daraus für unsere Fragestellung?«

K: »Der Handlungsspielraum, aber überhaupt, wie ich einen Mitarbeiter führe, liegt an der Absprache. Ich müsste also mit jedem Mitarbeiter klären, wo seine Präferenzen, Stärken und so weiter liegen, müsste meine Vorstellungen damit abgleichen und dann gemeinsam Ziele und Maßnahmen definieren. – Sehr aufwändig, das Ganze!«

C: »Wenn Sie einverstanden sind, verlassen wir die Frage der individuellen Mitarbeiterführung wieder und schlagen den Bogen zu unserem Ausgangspunkt zurück, nämlich Ihr Wunsch, Ihre Mitarbeiter (Projektmitglieder) umgehend mit völlig verändertem Verhalten (Verhaltensanforderungen) zu konfrontieren und gleichzeitig das Niveau des Projekts zu gewährleisten. – Ich zeichne die Schritte, die wir bisher gemacht haben, am Flipchart auf. Irre ich mich, unterbrechen Sie mich bitte sofort.

Zusammenfassung

– Start: Ich und meine Abteilung erhalten zu wenig Anerkennung.

– Das Projektteam arbeitet bis dato gut.

– Ich möchte das Projekt-Niveau mindestens halten, auch wenn die Leitung an Herrn Kilian übergeht.

– Ich möchte das Problem ›Ritter–Kilian‹ lösen.

– Ich habe mein Führungsverständnis überdacht, mein Führungsverhalten kritisch daran gespiegelt und daraufhin beschlossen, mein Verhalten dem Team gegenüber zu verändern. Ich will mein Selbstverständnis als Führungskraft dort sofort umsetzen.

– Ich möchte, dass mein Führungsverhalten mit meinen Einstellungen übereinstimmt. Das Herstellen dieser Kongruenz ist mir ein Anliegen, weil ich meine Überzeugung für richtig halte. Ich begreife Führung als Investition, nämlich als Tätigkeit, deren Ziel darin besteht, unternehmerisch denkende und agierende Mitarbeiter zu haben. Dafür muss ich mein Führungsverhalten komplett verändern. Genau dies aber bereitet mir Sorge, weil ich mich dann auf die Kommunikation mit dem Projektleiter verlassen können muss. Das kann ich aber nicht. Außerdem sind die Teammitglieder zu unselbstständig. Aus beidem resultiert, dass ich dem Projektteam nicht zutraue, das Leistungsniveau zu halten. Ein weiterer Grund, mein Führungsverhalten zu verändern, liegt darin, dass ich zu belastet bin, um wie gehabt fortzufahren.

– Die Interaktion von Führungskraft und Mitarbeitern ist ein wechselseitiges Lernverhältnis.

– Ich als Chef initiiere die Revolution und muss mit Konflikten rechnen. Deshalb geht es auch um Konfliktbereitschaft und die Fähigkeit, mit Konflikten konstruktiv umzugehen.

– Neben dem Team muss ich in der konkreten Mitarbeiterführung auf jeden Einzelnen eingehen, Erwartungen sowie Anforderungen klären.

Das sind recht viele Aspekte, Herr Ritter, nicht wahr?«

K: »Allerdings. Vielen Dank für das Resümee. – Ich frage mich, wie ich das Führen bisher geschafft habe, ohne das alles so analytisch auseinander zu fieseln.«

Funktion von Modellen C: »Die Frage ist: Was kann es Ihnen nutzen, mehr zu wissen? Oder: Was können Sie tun, um Ihr Führungshandeln, wie Sie es einmal formulierten, zu optimieren?«

K: »Ist schon gut. Ich weiß ja, dass ich noch Dinge verbessern kann. Und dass Wissen – wie Sie so schön in Ihrer Unternehmens-Broschüre schreiben – dazu dient, die Wahrscheinlichkeit zu erhöhen zu wissen, was wir warum tun.«

C: »Sie scheinen entmutigt. Deshalb die Frage: Welche Funktion haben für Sie Modelle oder Theorien?«

K: »Sie beschreiben, wie Dinge funktionieren. Sie vereinfachen und machen dadurch Sachverhalte verständlich. Sie helfen mir, mich zu orientieren, geben mir Anhaltspunkte, an denen ich ansetzen kann, um Zusammenhänge zu begreifen.«

C: »Und gezielt Fragen zu stellen? Systematisch etwas zu erhellen? Bewusst etwas zu tun?

K: »Ja, sicher. Mein Zugriff ist strukturiert.«

C: »Dadurch hat der Zufall eine geringere Chance.«

K: »Wie meinen Sie das?«

C: »Je mehr ich weiß, desto eher kann ich Dinge gezielt ›richtig‹ tun; je weniger ich weiß, desto öfter mache ich Dinge zufällig ›richtig‹. Zufällig im

Sinne von: Ich kann mir nicht erklären, wieso etwas so und so passiert oder der Fall ist.«

K: »Okay, okay! Ihre Botschaft ist angekommen. Vielen Dank für die Ermutigung.«

C: »Ich glaube, es reicht für heute?«

K: »Offen gestanden, ja.«

C: »Zwei Fragen zum Schluss. Haben Sie Ihre Hausaufgaben vom letzten Mal gemacht?«

K: »Zum Teil. Heute ist ja deutlich geworden, was mich besonders beschäftigt. Das belastete mich sehr. Deshalb habe ich mich auf das Thema Führungsverständnis vorbereitet. Die anderen Themen habe ich mehr en passant gestreift.«

C: »Möchten Sie an dem Thema weiterarbeiten? Ist es vorrangig?«

K: »Unbedingt. Zumal ich glaube, dass es Auswirkungen auf die anderen Felder hat.«

C: »Gut. Dann bitte ich Sie um dies: Sie haben meine Zusammenfassung, die acht Punkte, ja mitgeschrieben. Bis zu unserer nächsten Sitzung kreisen Sie die Thematik bitte so ein, dass Sie mehr oder weniger klare Antworten auf Ihre Fragen erhalten. Hangeln Sie sich an den Kategorien ›Ziel‹, ›Motivation von wem zu was‹ und ›Wege zum Ziel‹ entlang. Das unterstützt Sie bei der Strukturierung Ihrer Ideen. Wenn Sie Stichworte dazu schriftlich fixieren, wäre das hilfreich.«

Hausaufgabe

K: »Werde ich tun.«

C: »Dann machen wir für heute Schluss, Herr Ritter. Toi toi toi und bis zum nächsten Mal.«

K: »Vielen Dank. Ihnen auch eine gute Zeit und bis nächste Woche dann.«

Kommentar zur zweiten Sitzung

Flipchart

In der zweiten Sitzung setzt der Coach ein Flipchart ein. Das Flipchart dient als Medium zur Dokumentation der wesentlichen Gedankengänge und erzielten Ergebnisse zu einem Diskussionspunkt. Zudem wird die Nachvollziehbarkeit gesichert und die Möglichkeit eingeräumt, mit einem gemeinsamen Fokus nötige Überprüfungen vorzunehmen. Damit ist ein weiterer Vorteil genannt: Die Visualisierung zentriert die Aufmerksamkeit von Coach und Klient auf einen Themenpunkt. Außerdem nutzen beide das Medium zur Entwicklung von Ideen.

Ein Zusatzeffekt der Visualisierung entsteht, wenn Coach und Klient grafische Symbole oder Bilder und Farben zur Strukturierung ihrer Gedanken einsetzen. In diesem Fall symbolisieren Bilder und Farben Zusammenhänge, Logiken, Perspektiven und Sachverhalte. Folglich werden in der weiteren Kommunikation Verweise auf Aussagen und Darstellungen, auf insbesondere komplizierte Vernetzungen, die mit vielen Worten formuliert werden müssten, sich verkürzen auf das Nennen des Bildes wie: »das Dreieck meint«, »der Smiley bedeutet«, bzw. sich reduzieren auf die Nennung der Farben: »das Grüne heißt«, »mit dem Roten meine ich«. Diese sprachlichen Verkürzungen von Sachverhalten und Inhalten kann zwar den Grad vermindern, in dem der Klient Analyseergebnisse verinnerlicht (eben weil er sie nicht jedes Mal mit Worten ausführt). Gleichzeitig setzt der Verweis auf Farben und Formen Kreativität frei und macht das Gespräch lebhafter. Zudem kann das Reden mit dem Tempo des Denkens eher mithalten (als wenn jedes Mal der ganze Erklärungsbaum verbal nachgezeichnet werden muss). Ich habe diese Übereinstimmung von Denken und Reden derartig oft beobachtet, dass ich selten darauf bestehe, statt der Symbolik wortreich zu wiederholen, was sich in den Bildern und Farben verbirgt.

Meine Erfahrung zeigt, dass sich das Flipchart außerdem hervorragend dazu eignet, den Klienten in zweierlei Hinsicht zu aktivieren. Er kann Unruhe und Anspannung durch Bewegung mindern und zugleich konzentrierter nachdenken. Der Gang zum Flipchart wird häufig begleitet von einem grübelnden Durch-den-Raum-Schreiten. Die körperliche Dynamik, das Herumstehen mit dem Stift in der Hand, das Herumlaufen im Raum – all dies hat den positiven Effekt auf den Klienten, seine gedankliche Arbeit besser zu strukturieren.

Gerade habe ich behauptet, der Einsatz des Flipcharts fördere das Nachdenken. Diesen Zusammenhang erlebe ich beispielsweise, wenn der Klient, meist am Flipchart stehend, den Stift in der Hand hin- und herwippt und nachdenklich spricht. Oder er liest das Geschriebene und Gezeichnete von seinem Platz aus und springt plötzlich auf, um seinen Gedankenblitz sofort abzubilden und weiterzuentwickeln. – Kurz: Die Verwendung des Flipcharts vitalisiert körperlich, geistig und wirkt konstruktiv sowohl auf die Atmosphäre als auch auf zu bearbeitende Inhalte.

Einstieg in die Sitzung

Der Coach wählt den Einstieg in die Sitzung mit der »Allerwelts-Frage« nach dem Befinden. Die Frage ist normalerweise zur Floskel degradiert. Der Fragende erwartet keine ausführliche Antwort und wünscht diese gewöhnlich auch nicht. Und der Adressat der Frage stellt sich in der Regel darauf ein.

Die Begrüßung ist mehr als ein Ritual

Es versteht sich von selbst, dass der Coach die Frage nach dem Befinden nur dann formuliert, wenn er eine ausführliche Antwort erhalten möchte. Insofern muss er ehrlich fragen. Tut er dies, wünscht er eine Antwort, die ihm einen Einblick in und ein Gespür für die aktuelle Verfassung des Klienten ermöglicht. Diese Information integriert er in sein weiteres Vorgehen. Aus diesen Gründen sollte der Coach nachhaken, wenn er nur eine kurze, oberflächliche Antwort erhält.

In unserem Dialog-Beispiel beantwortet der Klient die Frage nach seinem Befinden als Floskel, als Höflichkeitsfunktion. Indem der Coach vertieft auf die Erwiderung eingeht, signalisiert er dem Klienten, dass die Frage mehr ist als nur Begrüßungsritual. Der Coach instrumentalisiert die Frage, um zu den Themen hinzuleiten, die den Klienten beschäftigen. Die Intention liegt darin brisante Anliegen zu entlarven. Dieses Ziel realisiert der Coach, indem er dem Klienten zunächst ermöglicht, seinen Gefühlen Ausdruck zu verleihen. Er bietet durch seine Gesprächsführung ein Ventil. Methodisch-didaktisch setzt der Coach das Akive oder Analytische Zuhören und spezielle Fragetechniken ein. Als Grundmodell der Kommunikation nutzt er die Schablone der fünf Ebenen (Schulz von Thun, O. Neuberger) sowie NLP-Wissen.

Exkurs Zuhör-Verhalten

Zur Erinnerung: Das Aktive oder Analytische Zuhören ist ein Konzept, das zwei Stoßrichtungen anvisiert. Zum einen das »Paraphrasieren«. Hier wiederhole ich Aussagen des Partners mit eigenen Worten. In der Logik so, wie Lehrer ihre Schützlinge auffordern, wenn diese etwas Kompliziertes lernen: »So, nun sag das einmal mit deinen eigenen Worten.« Das Paraphrasieren dient primär der Überprüfung, ob ich den Partner richtig, in dessen Sinne, verstanden habe. Der Paraphrasierende legt offen, was er von einer Botschaft verstanden hat. In erster Linie richtet sich das Paraphrasieren auf den sachlichen Inhalt einer Nachricht.

Die zweite Komponente wird »Verbalisieren von Gefühlen« genannt. Der Empfänger einer Nachricht spricht aus, welche emotionalen Regungen er in seinem Partner spürt, heraushört, sieht, kurz: durch diverse nonverbale und verbale Indizien vermutet.

Das der Gesprächspsychotherapie entstammende Konzept des aktiven Zuhörens eignet sich dazu, intensive Gefühlslagen so aufzufangen, dass der sprichwörtlich hoch in der Luft in einem Ballon schwebende Partner »Luft ablassen« und so zu Boden gleiten kann; zum Boden der Tatsachen, der Vernunft, der nüchternen Sichtweise, die es ihm ermöglichen, sich einem konstruktiven und lösungsorientierten Diskurs zu öffnen.

Gerade in diesem Zusammenhang hochsensibler Gesprächsführung kann der Coach aus dem NLP-Reservoire schöpfen, speziell was die sensible Wahrnehmung nonverbaler Zeichen sowie den Wortgebrauch betrifft. NLP hilft, die eigenen Sinne für die »sprechenden« Sinneskanäle des Partners zu sensibilisieren. Dies geschieht, indem der Coach nicht nur auf körperliche Bewegungen achtet, sondern auch auf den Sprachgebrauch des Klienten.

Zusätzlich hilft das Vier-Ohren-Modell von Schulz von Thun. Das Modell weckt die Aufmerksamkeit, kommunikative Akte nach vier Seiten hin zu analysieren, nämlich nach der Sachseite, der Seite der Selbstoffenbarung, der der Beziehung und der des Appells. Der Coach analysiert das Kommunikationsverhalten, indem er an die Kommunikation des Klienten die entsprechenden Fragen stellt, nämlich: Was ist der Sachinhalt? Was offenbart der Partner von sich selbst? Wie sieht er die Beziehung zu mir? Zu was fordert er mich auf? Die Entscheidung, welche Perspektive zeitweise im Vordergrund steht, fällt in den einzelnen Gesprächsphasen.

Die fünfte Seite, besser: Dimension des Kommunizierens im Sinne des Redens hebt Oswald Neuberger hervor. Er betont, dass wir uns im Sprechen immer auch selbst beeinflussen. Das NLP spricht von Selbstprogrammierung. Beides verweist darauf, dass wir, indem wir sprachlich handeln, uns selbst auf Stimmungen und Ansichten, Absichten und Ziele kalibrieren. Indem wir reden, reden wir simultan auf uns oder uns selbst etwas ein.

Die diversen Frageformen (öffnende und schließende) nutzt der Coach, um gezielt bestimmte Informationen zu erhalten. (Hier unterstützt das NLP-Wissen durch die Logik der Meta-Aussagen.)

Überleitung

Der Wechsel von aktivem Zuhören und Fragen bestimmt das Gespräch über den Beginn der Sitzung hinaus. Allmählich lenkt der Coach durch seine Art des Fragens auf jene Themen, die den Klienten beschäftigen und belasten. Er leitet über zu vertiefter Reflexion und regt zu konkretisieren an. Dies tut er, indem er durch Fragen nachhakt. So etwa, wenn er Stimmungen oder Emotionen vermutet, ebenso bei verallgemeinernden sowie vagen Aussagen des Klienten. Immer wieder überprüft er, worauf sich der Klient mental und gefühlsmäßig konzentriert und welche Anliegen ihm am Herzen liegen.

Der Wechsel von Fragen und Zuhören führt zum aktuellen Problem

Diese Art der Gesprächsführung kann vielleicht wie ein ungezieltes Schlängeln interpretiert werden. Faktisch gehorcht sie aber dem Gebot, wiederholt die Zielrichtungen des Klienten nachzuzeichnen und zu kontrollieren sowie seiner Dynamik zu folgen. Zweck dieses Mitlaufens ist es, Sicherheit darüber zu gewinnen, wohin der Klient sich bewegt und wo er seine Probleme und Absichten sowie Zielsetzungen sieht.

Erst nachdem Coach und Klient geklärt haben, welche essenziellen Anliegen bestehen, knüpft der Coach inhaltlich an, indem er mit gezielten Fragen operiert, Zusammenhänge aufdeckt und zugleich Kenntnisse vermittelt.

Inhaltlicher Diskurs

Die besagten didaktischen und methodischen Schritte leiten die beiden Akteure zuerst zu einer Zielformulierung hinsichtlich des Projekts, das der Klient in oberster Instanz verantwortet. Von dort gelangen sie zur Frage des Selbstverständnisses des Klienten als Führungskraft. Das Zielthema (Projekt-Niveau) gewinnt an Raum. Der Coach erläutert diese Ausweitung und stellt Transparenz her. Er möchte, dass dem Kienten alles, was passiert, klar ersichtlich ist. Er achtet auf eine nachvollziehbare, einleuchtende Vorgehensweise und bleibt damit seiner Maxime treu, zu der er sich dem Klienten gegenüber anfänglich verpflichtet hat. Außerdem ermöglicht diese Klarheit dem Klienten, die Logik des Gesprächs zu durchschauen. Er kann so besonders gut nachvollziehen, inwiefern das Zielthema mit seiner eigenen Person, seinem Selbstbild und seiner Rollenidentität verbunden ist. Teilthemen sind hier: das Selbstverständnis als Führungskraft, die persönliche Konfliktbereitschaft sowie der Beitrag zur Gesamtsituation und -dynamik.

Transparente Gesprächsführung ermöglicht Verstehen und Selbstreflexion

Der Coach breitet das Themenspektrum aus und erhöht auf diese Weise die Komplexität. Dabei beschränkt er sich darauf, dem Klienten Fragen zu

*Fragen und
Deutungsvarianten*

stellen. Diese Fragen spinnen das weiter, was der Klient thematisiert. Der Coach will durch seine Fragen und Bemerkungen erkennen, welche Geltung die Wünsche des Klienten für diesen selbst haben. Er motiviert den Klienten, seine Visionen zu klären und die Verflechtung seiner Absichten zu vergegenwärtigen. Der Coach steuert das Gespräch so, dass der Klient seine Vorhaben auf ihren Stellenwert und ihre Zielrichtung überprüft: Bewusst machen, konkretisieren, Vorab-Festlegungen revidieren, Deutungsvarianten und Bewertungen herausarbeiten. Das soll dem Klienten sowohl seinen eigenen Beitrag zur Problematik als auch seine Einflussmöglichkeiten sowie seinen Gestaltungsraum offen legen. Insofern zeigt die gemeinsame Ausarbeitung, wie ernst es dem Klienten mit der »Revolution« seines Führungsverhaltens ist.

*Analogien und
Erläuterungen*

Passagen, in denen das Fragen den Prozess nicht voranbringt, versucht der Coach das Nachdenken durch Analogien oder Erläuterungen anzuregen. Beispielsweise dort, wo es um die Konfliktfähigkeit des Klienten geht. In einer solchen Gesprächssequenz decken Coach und Klient psychologische Zusammenhänge auf. Insbesondere heben sie grundlegende Verknüpfungen zwischen dem Handeln des Klienten und seinen Interaktionspartnern hervor. Kommunikations- und Verhaltensmuster erscheinen in diesem Licht als Ergebnis von Lernprozessen und wechselseitiger Beeinflussung. Gleichzeitig rekonstruieren Coach und Klient, inwiefern sich Handlungsmuster dadurch etabliert haben, dass die Personen einander Rollen zuschreiben. Der Dialog zwischen Coach und Klient kreist folglich darum zu enthüllen, worin der Beitrag des Klienten in der Entstehung und der Erhaltung der Muster besteht.

Die gewonnenen Erkenntnisse eröffnen, nach Möglichkeiten zu suchen, alte Routinen aufzubrechen und alternative Gepflogenheiten zu entwerfen. Ziel ist es, eine kooperative Arbeitskultur zu schaffen, die maßgeblich vom Klienten initiiert wird. Die neuartige Kultur, die der Klient anstrebt, zeichnet sich dadurch aus, dass das Rollenverständnis des Klienten und seine Vorstellungen von einer funktionierenden Abteilung mit dem zusammentrifft, was die Mitarbeitenden zu leisten in der Lage und willens sind.

Optionen für Veränderungen

Immer wieder führt der Coach die Diskussion zurück an den Ausgangspunkt und hin zum Zielthema. Denn während der Klient Details vertiefen und in Nebenpfade abbiegen darf, ist der Coach dafür verantwortlich, dass das Gespräch stets die Hauptstraße im Blick behält, damit das Ziel erreicht werden kann. Je mehr Facetten des Gesamtnetzes angesprochen werden, desto dringender wird eine Zusammenfassung. In unserem Beispiel-Dialog übernimmt dies der Coach. Zum einen systematisiert er so den Gesprächsverlauf und unterstützt die »Zielarbeit«. Zum anderen konfrontiert er den Klienten gleichzeitig mit der Vielschichtigkeit seines Anliegens.

Konfrontation

Die Erwiderungen des Klienten auf die Zusammenfassung erscheinen widersprüchlich. Einerseits ist der Klient erleichtert, einen Überblick zu erhalten. Andererseits fühlt er sich von der Vielfalt der Teilthemen und dem Aufwand, den seine Veränderungsabsicht begleitet, überwältigt. Es klingen Gefühle der Resignation, der Fast-Kapitulation und der Distanzierung an. Die ironische Ummantelung zeigt die innere Hin- und Hergerissenheit zwischen Tatendrang und Angst vor der eigenen Courage. Der Coach greift die ironische Formulierung auf, indem er wieder mit Fragen operiert. Obwohl der Klient signalisiert, dass seine Bemerkung eher »spaßig« gemeint sei, besteht der Coach darauf, die Debatte weiterzuführen. Er kennt das aus seiner Arbeit. Diese Art der Vorbehalte in Bezug auf den Aufwand der Veränderungsarbeit und hinsichtlich der mentalen Kraftakte und intellektuellen Anstrengungen kommen immer wieder an die Oberfläche. Es sei denn, sie wurden angesprochen und der Nutzen dieser Mühen ausführlich erörtert.

Ambivalente Reaktionen im Klienten

Der Coach dirigiert dieses Nachhaken durch Fragen, aktives Zuhören und positive Verstärkung. Die Debatte »vom Nutzen von Modellen« spricht die intellektuelle wie pragmatische Nützlichkeit von Modellen an. Der Coach fordert den Klienten auf, über seinen persönlichen Umgang mit Modellen und deren Nutzen nachzudenken. Der Klient folgt dem Ansinnen, wenn auch zunächst widerwillig. Doch zunehmend begreift er, weshalb der Coach dieses Frage- und Antwort-Spiel mit ihm durchführt. Neben diesem Diskussionspunkt verfolgt der Coach das Ziel, die psychologische Funktion von Modellen hervorzuheben – um auf diese Weise dem Klienten vor Augen zu führen, weshalb Modellwissen nützlich sein kann. Diese Funktion verweist darauf, sich diffizilen Sachverhalten systematisch anzunähern. Sie soll die Courage und Souveränität steigern, die der Klient braucht, um gravierende und nachhaltige Veränderungsprojekte zu wagen, umzusetzen und durchzuhalten, auch wenn sich Hürden auf seinem Weg türmen.

Der Coach als Angriffsfläche

Die Ironie oder der Sarkasmus des Klienten in unserem Dialog-Beispiel veranlasst mich, werte Leserinnen und Leser, Ihre Aufmerksamkeit auf die Erörterungen zu diesem Punkt im Abschnitt »Fallen und Risiken …« des Kapitels »Rechenschaft und Bekenntnisse eines Coachs« zu lenken. Angesichts der Relevanz dieses Themas erlauben Sie mir, noch einmal zu betonen: Ein Coach tut gut daran, sowohl seine Meta-Position als auch seine Funktion als Projektionsmedium insbesondere dann zu vergegenwärtigen, wenn er sich attackiert, verletzt, blamiert und dergleichen fühlt.

Umgehen mit Verletzungen

Ich erinnere: Die Meta-Position bestimmt ihn dazu, die gesamte Situation zu betrachten. Sich als Projektionsmedium für die Gefühle des Klienten zu begreifen, hat den Sinn, dass der Coach begreift, dass er nicht persönlich torpediert wird, sondern die Figur, die er in den Augen und im Herzen des Klienten augenblicklich darstellt. Ich warne davor, sich zum Opfer »minderbemittelter«, »böswilliger« oder »bornierter« Klienten zu stilisieren. Ist der Leidensdruck auf der Seite des Coachs so groß, dass er befürchtet, seine seelische Verletzung gefährde die Qualität seiner Arbeit, kann er dies durch eine Ich-Botschaft zum Thema machen. Ziel dieser Botschaft sollte primär sein, die Funktion der Angriffe zu verstehen, um dies in den Coaching-Prozess einzubinden. In diesem Fall deutet der Coach die Angriffe als Symptom und klärt ab, inwiefern das aggressive Verhalten Teil eines problematischen Ganzen (eines Syndroms) ist. Das Resultat dieser Analyse betrachtet und verwertet er als fruchtbaren Input für die weitere Zusammenarbeit. Sollte das Ego des Coachs in einem Ausmaß lädiert sein, dass er sich dabei ertappt, dem Klienten Bedauern oder Entschuldigungen abzutrotzen oder gar, es ihm »heimzuzahlen«, empfehle ich, die Korrekturchancen sehr kritisch zu prüfen und gegebenenfalls die Kooperation zu beenden.

Die dritte Coaching-Sitzung

C: »Schönen guten Abend, Herr Ritter. – Was kann ich Ihnen anbieten?«

K: »Eine Apfelsaftschorle, bitte.«

C: »Die steht schon parat. – Ich war übrigens in dem Film, von dem Sie so begeistert waren und den Sie mir empfohlen haben.«
Schneller Einstieg ins aktuelle Thema

K: »Und – hat er Ihnen gefallen?«

C: »Ja. War ein sehr guter Tipp. – Herr Ritter, Sie scheinen recht angespannt zu sein?«

K: »Das stimmt. Sie wären das auch, wenn Sie von einem Mitarbeiter hintergangen worden wären!«
Illoyalität, Betrug

C: »Hintergangen? Was war denn los?«

K: »Kilian, natürlich! Der hat sich vielleicht was geleistet! Hat einfach meine Anordnung missachtet und eigenmächtig gehandelt!«

C: »Tja. Hm. Provokativ gefragt: Wieso fühlen Sie sich denn hintergangen, wenn Herr Kilian eigenmächtig handelt?«

K: »Na, hören Sie mal! Er war illoyal mir gegenüber! – Auf wessen Seite stehen Sie eigentlich?«

C: »Herr Ritter, Sie sind offensichtlich sehr empört und wütend. Es geht mir nicht darum, mich auf eine der beiden Seiten zu schlagen, sondern darum, erst einmal zu erfahren und zu verstehen, was genau vorgefallen ist und was Sie so enttäuscht. Schildern Sie mir doch bitte, was passiert ist.«

K: »Ja, okay. Also am Dienstag, vorgestern, hatten wir unser regelmäßiges Projekt-Meeting. Ich hatte beim letzten Meeting den Auftrag gegeben, dass Frau Hebu eine bestimmte Unterlage bis zum nächsten Meeting, also dem von vorgestern, besorgen sollte, weil wir die Informationen brauchen, um die nächsten Schritte im Projekt zu planen. Als ich nach dieser Unterlage fragte, sagt sie, sie hätte sich nicht darum gekümmert. Noch ganz ruhig, frage ich sie nach dem Grund. Da grinst mich Kilian an und sagt eiskalt, er hätte ihr gesagt, sie bräuchte das nicht zu besorgen, weil er die Prioritäten im Ablauf geändert hätte! Ich: ›Wie bitte? Was hast du gemacht?‹ Er: ›Die Priorität umgestellt.‹ Pause. Ich musste mich außerordentlich zusammenreißen, ihn nicht vor versammelter Mannschaft runterzuputzen. Ich fragte also: ›Ach, und warum? Und warum erfahre ich
Schilderung des Vorgangs

davon nichts?‹ Er, völlig cool: ›Erstens hat sich unser Kunde gemeldet. Er rief mich an und bat darum, einen Zwischenbericht zu verfassen, weil er den für eine Präsentation vor seiner Geschäftsführung bräuchte. – Du weißt genau, wie aufwendig das ist! Für den Bericht brauchte ich Angela. Außerdem kann sie am besten koordinieren, sodass ich sie dafür brauchte, dafür zu sorgen, dass alle anderen pünktlich ihre Teilberichte schreiben und an sie weiterleiten. Da sie flüssig und schnell schreiben kann, sollte sie auch die Ausformulierung und Endfassung des Berichts übernehmen. So weit zum Ersten. Zum Zweiten: Ich konnte dich nicht informieren, weil du an einigen Tagen nicht im Geschäft warst oder, wenn du da warst, so beschäftigt von Sitzung zu Sitzung rastest, dass ich keine Chance sah, das mit dir zu besprechen.‹ – Ich hatte ihm zugehört und war, das können Sie sich ja wohl vorstellen, auf 180! So eine dumme Ausrede! Unverschämt! So eine wichtige Entscheidung muss er doch mit mir diskutieren!«

C: »Und – wie reagierten Sie genau auf seine Ausführungen, nachdem Sie ihm zugehört hatten?«

K: »Ich wies ihn natürlich zurecht. Ich sagte ihm, dass er mir eine E-Mail hätte zuschicken oder mich übers Handy informieren können! – Der Gipfel der Frechheit war, dass er meinte, wieso er mich über solche projektinternen Umstellungen überhaupt informieren müsste, wo er doch die Projektleitung hätte und damit auch die Kompetenz, solche Entscheidungen zu treffen!«

C: »Sie hatten mir mal gesagt, er hätte die Projektleitung.«

K: »Ja.«

Hinführung zu kritischer Selbstbetrachtung durch Fragen und Provokationen

C: »Impliziert eine Projektleitung diese Art von Entscheidungsvollmacht?«

K: »Ja, natürlich. Der Projektleiter hat grundsätzlich volle Handlungsfreiheit, sofern er dafür sorgt, dass ein Projekt termingerecht und im Sinne des Kunden erfolgreich beendet wird. Er muss lediglich seinem Vorgesetzten über die Meilensteine berichten,.«

C: »Wie beurteilen Sie rein sachlich seine Entscheidung?«

K: »Sie war sachlich richtig.«

C: »Und er hat sie Ihnen mitgeteilt, ganz so, wie es die formale Regelung im Projektmanagement vorsieht?«

K: »Ja.«

C: »Also hat Herr Kilian formal die Kompetenz für seine – richtige – Entscheidung wahrgenommen und damit Recht in seiner Argumentation?«

K: »Prinzipiell ja. Aber – in diesem Fall eben nicht! Schließlich ist es meinem Einsatz zu verdanken, dass das Projekt bis dato so gute Fortschritte macht!«

C: »Deshalb fühlen Sie sich hintergangen?«

K: »Ja, klar! Ich habe den Laden bisher geschmissen! – Pah, mich nicht erreichen können! Als gäbe es weder E-Mail noch Telefon! Das war einfach für den Kilian eine willkommene Gelegenheit, mir eins auszuwischen und mich vor dem Team zu blamieren! Darum geht es doch! Aber das lass ich mir nicht bieten!«

C: »Was wollen Sie denn unternehmen?«

K: »Genau das wollte ich mit Ihnen besprechen. Ich habe noch keinen genauen Plan. Auf jeden Fall gibt es eine Retour-Kutsche!«

C: »Wollen Sie ihn bestrafen?«

K: »Bestrafen! Was soll das? Ich will, dass er sich so was nicht noch mal herausnimmt und einen Denkzettel verpasst kriegt!«

C: »Sie wollen sich dafür rächen, dass er eine Kompetenz und Verantwortung, die er formal hat, wahrgenommen hat?«

K: »Unsinn! Ich will mich nicht rächen. Wir sind doch nicht im Kindergarten! Ich will ihn in seine Schranken verweisen. Und ich will, dass er loyal mir gegenüber ist.«

C: »Herr Ritter, Sie sind noch immer sehr entrüstet. Trotzdem oder gerade deshalb schlage ich vor, dass wir das Ereignis genauer beleuchten und aus anderen Blickwinkeln betrachten. Einverstanden?«

K: »Ich weiß nicht, was es zu deuten gibt. Aber bitte, wenn Sie meinen.«

Zusammenfassung der Schilderung durch den Coach

C: »Nun, wir werden sehen, was die genauere Analyse ergeben wird. Zuerst fasse ich Ihre Sicht- und Erlebnisweise zusammen. Habe ich etwas missverstanden, berichtigen Sie mich bitte. Ich formuliere zum Teil zugespitzt, um die verborgene Psycho-Logik markant hervortreten zu lassen. Und ich notiere die zentralen Begriffe am Flipchart. Ist das für Sie in Ordnung?«

K: »Hm. Ja, ja.«

C: »Also: Sie fühlen sich von Herrn Kilian ›hintergangen‹, weil er ›eigenmächtig‹ eine Entscheidung getroffen hat und weil er Sie darüber nicht informierte. Und Sie fühlen sich von ihm ›hintergangen‹, weil Sie es sind, dem der gute Fortgang des Projekts zu verdanken ist. ›Illoyal‹ finden Sie sein Verhalten außerdem, weil er Sie vor dem Team bloßgestellt, Sie sagten ›blamiert‹, hat, indem er darauf hinwies, dass er seiner Kompetenz nach gehandelt hätte. – So weit korrekt?«

K: »Ja. Aber das hatten wir alles schon! Und jetzt?!«

Aufforderung zum Perspektivenwechsel

C: »Und jetzt gehen wir zurück zu einigen zentralen Überlegungen, die wir in der letzten Sitzung diskutiert – und auf die Sie sich für heute vorbereitet haben. Ich erinnere: Sie möchten zukünftig – Sie insistierten: ab sofort – so führen, dass Sie sich aus dem Operativen im Projektablauf zurückziehen können. In diesem Zusammenhang möchten Sie Ihren Mitarbeitern einschließlich dem Projektleiter mehr Selbstständigkeit und Verantwortung zutrauen und überlassen. Betrachten Sie das Verhalten von Herrn Kilian einmal aus dieser Perspektive. Nehmen Sie sich ein wenig Zeit, um das zu überlegen.«

K: »Hm. Sie meinen, dann hätte Kilian gemäß meiner Führungsphilosophie gehandelt? Weil er eben selbst entschieden hat?«

C: »Er hat selbst entschieden und die Verantwortung für seine Entscheidung übernommen.«

K: »Na ja, das stimmt. Er hat zu seiner Entscheidung gestanden. Und richtig war sie ja auch.«

C: »Verfolgen wir diesen Gedanken weiter: Wie könnten Sie ›hintergangen‹ und ›eigenmächtig‹ unter dieser Annahme auch anders verstehen?«

K: »Tja, also. Sie meinen die, wie Sie es immer nennen, konstruktive Variante, nicht? Eigenmächtig hieße dann wohl ›selbstständig‹ und ›eigenverantwortlich‹.«

C: »Wollen Sie das nicht von Ihren Mitarbeitern, insbesondere vom Projektleiter?«

K: »Doch, eigentlich – ich meine: Ja, das will ich. – Trotzdem: Er hätte mich informieren können! Das war kein guter Zug von ihm, mich vor vollendete Tatsachen zu stellen.«

C: »Damit sind wir bei Ihrem Gefühl, ›hintergangen‹ worden zu sein. Dazu zwei Anregungen. Erstens rufen Sie sich seine Begründung in Erinnerung. Zweitens fragen Sie sich, womit das Delegieren von Verantwortung notwendigerweise verbunden ist. Zunächst zu der Begründung von Herrn Kilian.«

K: »Soll ich die jetzt nochmals wiederholen?«

C: »Ja, bitte.«

K: »Er sagte, ich sei auswärts und deshalb nicht zu erreichen gewesen und im Geschäft sei ich derartig beschäftigt gewesen, dass er mich da nicht in einer ruhigen Minute erwischen konnte.«

C: »Und: Können Sie das prinzipiell nachvollziehen?«

K: »Grundsätzlich schon. Trotzdem bin ich der Ansicht, er hätte es versuchen sollen!«

C: »Haben Sie gefragt, ob er das getan hat?«

K: »Ja. Er sagte, er habe es im Geschäft probiert, zwei- oder dreimal. Aber ich hätte kein Ohr für ihn gehabt.«

C: »Also hat er es versucht?«

K: »Sieht wohl so aus. – Ich erinnere mich daran selbst nicht so genau. Ich hatte wirklich eine Menge um die Ohren.«

C: »Hat die Entscheidung, die Prioritäten neu zu ordnen, gravierenden Einfluss auf das Projekt?«

K: »Nein, eigentlich nicht. Der Bericht hätte in den nächsten zwei oder drei Wochen ohnehin angestanden.«

C: »Es geht also nicht um eine Entscheidung von strategischer Bedeutung?«

K: »Nein.«

C: »Stellen Sie sich bitte Folgendes vor: Sie bearbeiten einen Auftrag, den Sie von Ihrer Chefin erhalten haben. Bisher mischte Sie kräftig mit, nicht zuletzt, weil ihr das Projekt, das sie Ihnen anvertraute, selbst Spaß macht. Ihr Engagement führte dazu, dass Sie Ihre Leistungsfähigkeit kaum unter Beweis stellen konnten, weil Ihre Chefin die bedeutsamen und auch weniger wichtigen Entscheidungen selbst fällte. Frage an Sie: Wie würden Sie sich fühlen?«

Zweiter Perspektivenwechsel

K: »Ziemlich überflüssig. Es wäre inkonsequent von ihr, mir den Auftrag zu übergeben und dann doch andauernd einzugreifen und mir die Entscheidungskompetenzen wegzunehmen.«

C: »Beziehen Sie das bitte auf sich selbst und Herrn Kilian.«

K: »Ich verstehe. Ich bin inkonsequent, weil ich ihm zwar die Projektleitung übergeben habe (übrigens deshalb, weil damals kein anderer zur Verfügung stand), und gleichzeitig interveniere ich sowohl bei wesentlichen als auch unwesentlichen Detailfragen. Also könnte es sein, dass er sich überflüssig oder veralbert vorkommt.«

C: »Spinnen wir den Faden weiter: Sie nehmen wahr, dass Ihre Chefin außergewöhnlich beansprucht ist, oft nicht im Geschäft weilt und wenn doch, dann kaum ansprechbar scheint, weil sie auf vielen Hochzeiten tanzt.«

K: »Diese Vorstellung fällt mir leicht. Es ist nämlich so.«

C: »Umso besser. Nun steht im Rahmen Ihres Auftrags eine Entscheidung an, die a) nicht von strategischer, aber doch taktischer Tragweite, b) eilig und c) eine ist, die Sie sich zutrauen. Aus Gewohnheit oder weil Sie Ärger mit Ihrer Chefin vermeiden wollen, versuchen Sie zwar, sie zu erreichen und sie in Kenntnis zu setzen. Doch Sie haben damit Mühe und wissen, dass sie ihren Kopf eigentlich ganz woanders hat.«

K: »Okay. Natürlich würde ich die Entscheidung allein treffen. Mit Bagatellen würde ich sie ohnehin nicht belästigen wollen. Das ist übrigens häufig so, auch bei wichtigen Angelegenheiten.«

C: »Wie fühlen Sie sich dabei?«

K: »Gut, natürlich. Ich kann mich, also meine Leistungsfähigkeit und Kompetenz, unter Beweis stellen. Ich kann mich profilieren und zeigen, dass ich ihr Vertrauen verdiene. Außerdem motiviert es mich, mich bei etwas zu engagieren.«

C: »Und wie reagiert Frau Dr. Reil auf Ihre eigenständigen Entscheidungen?«

K: »Meistens mit Wohlwollen. Sie sagte mir in einem Mitarbeitergespräch, das wir vor ein paar Wochen führten, dass sie das als Entlastung erlebe und ihr willkommen sei. Ich sollte ruhig so weitermachen.«

Entscheidende Schritte zur Umdeutung

C: »Wie könnten Sie diese Erfahrung auf Herrn Kilian und auf Ihr Gefühl übersetzen, von ihm ›hintergangen‹ worden zu sein?«

K: »Tja, dazu fallen mir unterschiedliche Sachen ein. Kilian wollte mich mit der Angelegenheit nicht behelligen, weil sie nicht entscheidend für die Projekt-Strategie ist und weil er mich anderweitig sehr eingebunden gesehen hat. Und er hat die Gelegenheit genutzt, um zu beweisen, dass ich mich auf ihn verlassen kann.«

C: »So weit, so gut. Stellen Sie sich vor, Sie übernehmen die Verantwortung, die Sie offiziell ohnehin haben, und Sie treffen eine richtige Entscheidung – und Ihre Chefin maßregelt Sie trotzdem!«

K: »Ich wäre ziemlich frustriert und würde mich zur Wehr setzen. Ich würde Sie darauf hinweisen, dass ich lediglich meine Aufgabe erfülle.«

C: »Angewandt auf Herrn Kilian?«

K: »Genau das hat er getan, nicht? Weil ich ihn frustriert habe. – Wenn ich die Sache so betrachte, kam er sich wahrscheinlich vorgeführt vor. Und dabei fühlte ich mich (!) in meiner Eitelkeit verletzt! Vielleicht – wir haben das letzte Mal darüber sinniert – hatte ich einfach das Gefühl, er sei undankbar. Denn er hat seine Erfolge ja mir zu verdanken. Stattdessen erhebt er sich gegen mich und probt die Entmachtung. – Ziemlich unprofessionell, diese Sicht, oder? Hm.«

C: »Wie beurteilen Sie jetzt Ihr Gefühl, er habe Sie ›hintergangen‹, sich ›illoyal‹ verhalten und habe Sie ›blamiert‹?«

K: »Aus seiner Sicht hat er seine Aufgabe und Pflicht wahrgenommen, und als ich ihn in meiner Empörung zurechtweisen wollte, hat er sich einfach gewehrt, um mir genau dies klarzumachen: dass er seine Verantwortung kompetent wahrgenommen hat und dies auch weiterhin machen will. Und er hat die Chance genutzt, dies auch dem Team zu demonstrieren. Sogar das ist eigentlich verständlich: Er braucht ja die Autorität in seinem Team, um Rückhalt zu haben.«

C: »Wie fühlen Sie sich mit dieser Sichtweise?«

K: »Eigentlich ganz gut. Ich bekomme ja dadurch auch die Entlastung, die ich anstrebe. Darüber haben wir letztes Mal ja ausführlich gesprochen.«

C: » – ›eigentlich ganz gut‹?«

K: »Ich weiß: ist eine Einschränkung. Irgendwie habe ich nämlich immer noch ein mulmiges Gefühl.«

C: »Bei was?«

K: »Na ja, bei dem Gedanken, ich könnte Kilian wirklich die Projektleitung überlassen und mich da raushalten.«

C: »Delegieren hat immer mit abgeben zu tun. Von Macht, von Einfluss, von Profilierungschancen und …«

K: »… und Spaß! – Ist wohl das Thema ›Loslassen‹, was? Fällt mir, ehrlich gesagt, schwer.«

C: »Ich weiß. Welches Szenario können Sie sich vorstellen, damit es Ihnen leichter fiele?«

K: »Ich müsste mich mit dem Christian gut verstehen und ihm echt vertrauen können. Ich müsste sicher sein, dass er in meinem Interesse handelt und insofern loyal ist.«

C: »Wie können Sie die Wahrscheinlichkeit erhöhen, dass sich das entwickelt?«

K: »Tja, ich müsste mit ihm reden. Grundlegend und in Ruhe. Ich weiß aber nicht, wie ich das am Besten anstelle, auch nach dem, was jetzt vorgefallen ist.«

Von der Umdeutung zu Vertrauen und Delegation

Übersetzung der Ergebnisse aus der ersten Sitzung auf die aktuelle Thematik

C: »Damit sprechen Sie ein neues Thema an. Bevor wir darüber nachdenken, wie Sie in ein solches Gespräch einsteigen könnten, lassen Sie uns die bisherige Diskussion in den größeren Zusammenhang Ihrer Anliegen einordnen. Ich schlage vor, wir nehmen unsere neun Punkte aus der letzten Sitzung und betrachten diesen Zwischenfall mit Herrn Kilian unter diesen Gesichtspunkten. Sie werden sehen, dass dieser Zwischenfall ein Paradebeispiel für Ihr Gesamtanliegen ist. Ein Übungsfeld. Er offenbart die typische, grundlegende Logik, die allen Ihren Bemühungen zugrunde liegt. Und er zeigt die damit verknüpften Probleme, mit denen Sie ringen, wenn Sie Ihr Führungsverhalten so verändern wollen, wie Sie es skizziert haben. – Probieren wir das einmal. Nehmen Sie die neun Punkte und kommentieren Sie, wo Sie Beziehungen zu dem Zwischenfall herstellen können. Nutzen Sie Ihre Vorbereitungen auf unsere heutige Sitzung dazu.«

Übersetzung und Vision

K: »Ich versuch's mal. – Zu Punkt eins: Ich glaube, ich habe auch deshalb so heftig reagiert, weil ich das Gefühl hatte, meine Leistung für das Projekt würde nicht anerkannt. Ich habe mich übergangen und ignoriert gefühlt. Gleichzeitig hat mir der Zwischenfall gezeigt, dass ich dem Kilian mehr Anerkennung und Respekt zollen muss. Das führt zu den Punkten zwei, drei und vier: Mein Ziel ist, dem Christian effektiv die Projektleitung zu überlassen. Also echt zu delegieren. Um sicher zu sein, das ich ihm das zu-

und anvertrauen kann, brauche ich eine offene und aufrichtige Kommunikation mit ihm. Daher muss ich mit ihm reden, über seine Zusammenarbeit mit mir und – Punkt sechs – mit seinen Mitarbeitern, den Teammitgliedern. Für die ist dann ja auch er verantwortlich. Er muss sie so führen, dass sie zunehmend selbstständig arbeiten. – Okay. Die Punkte fünf und sechs: Das Projekt kann mir als erstes Versuchsfeld dienen, um mein Führungsverständnis in die Tat umzusetzen. Dabei muss ich Punkt sieben beachten, dass wir in diesem Fall der Veränderung meiner Führung eine neue Arbeitskultur kreieren. In diesem Zusammenhang sind alle, auch ich, Lernende. Lernen beinhaltet aber auch: Fehler machen, jedenfalls sich gemeinsam entwickeln. Das geht selten – Punkt acht – ohne Konflikte ab. Wir müssen also eine Konfliktkultur etablieren, in der es möglich ist, miteinander zu streiten, ohne dass jeder gleich die beleidigte Leberwurst spielt, wenn mal ein härteres Wort fällt. Die neue Führungs- und Konfliktkultur können wir als Team erlernen. Das alles muss ich ankündigen oder diskutieren. Im Team und in Einzelgesprächen. Ich muss erklären, was ich anstrebe und warum, und dabei hören, wie sich die Mitarbeiter dazu stellen und ob sie bereit sind, diesen Weg mit mir zu gehen.«

C: »Vielen Dank für das schöne Referat. Ein hübsches Päckchen, was?«

K: »Allerdings.«

C: »Haben Sie bereits eine Idee, womit Sie beginnen wollen?«

K: »Immer noch mit dem Gespräch mit Christian Kilian. Ich möchte zunächst die Auseinandersetzung besprechen und meine veränderte Sichtweise. Und dann möchte ich mit ihm über die endgültige Übergabe der Projektleitung reden.«

Abklären der Akzente für die nächste Sitzung

C: »Gut. Wenn das für Sie feststeht, schlage ich folgenden Weg vor: In der nächsten Sitzung bearbeiten wir, was Sie wie und gegebenenfalls warum mit Christian Kilian besprechen möchten. – Sollte sich an den Dringlichkeiten und Ihrem Vorhaben nichts ändern, stoßen wir zu den Themen ›Konfliktkultur‹ und ›Einzelgespräche‹ vor. Bei dem Thema ›Konflikt‹ wird es darum gehen, wie bereit Sie wirklich sind, Konflikte einzugehen, auszuhalten und zu behandeln und welches Ihre Kernkriterien für eine Konfliktkultur sind. Und auch: Wer an der Ausarbeitung beteiligt sein soll. Bezüglich der Einzelgespräche werden wir näher betrachten, worum es Ihnen geht, nämlich um Aufklärung Ihrer Absichten und Vision und die damit verbundenen Abklärungen mit den Mitarbeitern.«

K: »Na, da haben wir uns ja was vorgenommen! Aber ich finde es wirklich spannend. Allmählich wird alles praktisch. – Können wir unseren Termin in der nächsten Woche wohl vorverlegen? Heute ist Donnerstag und ich möchte das Gespräch mit dem Herrn Kilian gerne spätestens am kommenden Mittwoch führen. Da kommt er nämlich aus seinem Kurzurlaub zurück.«

C: »Moment, ich schau nach. – Ich kann Ihnen den Montag anbieten, ab 18.30 Uhr.«

K: »Ja, prima. Das geht. Vielen Dank. – Das war es für heute?«

C: »Wenn Sie momentan keine Anliegen mehr haben, ja. «

K: »Hab ich nicht. Wir haben heute ziemlich viel gemacht. War wieder gut, danke. Also dann bis Montagabend!«

C: »Gute Zeit bis dahin. Tschüss, Herr Ritter.«

Kommentar zur dritten Sitzung

Einstieg in die Sitzung

Der Coach beginnt die Sitzung, indem er an einen Freizeittipp, den er von dem Klienten erhalten hatte, anknüpft. Er hat zwei Gründe dafür. Bereits der Körperhaltung und Mimik des Klienten entnimmt er, dass mit diesem »etwas nicht stimmt«. Methodisch betrachtet, nutzt der Coach hier sowohl sein Wissen und seine Erfahrungen hinsichtlich Körpersprache und Mimik allgemein als auch die Erkenntnisse, die er mit dem Klienten gewonnen hat.

Intuition und Provokation zum aktuellen Problem

Um seinen ersten Eindruck und seine Intuition zu überprüfen, nennt er den Kinofilm, von dem der Klient ihm begeistert erzählt hatte. Diese freudige Erregung findet der Coach nun nicht wieder. Daher formuliert er sein Gespür in einer Aussage-Frageform – und trifft den Nagel auf den Kopf. Denn der Klient platzt sofort heraus mit dem, was ihn unter Spannung hält.

Die Intensität der Erregung des Klienten erfährt der Coach zusätzlich durch sein provokatives Nachfragen, warum sich der Klient »hintergangen« fühle, wenn der Projektleiter doch eigenverantwortlich handle. Diese Provokation soll helfen zu erkennen, inwieweit der Klient in seiner Sichtweise gefühlsgesteuert ist und ob er kognitiv umschalten kann, also auf das Angebot der Umdeutung eingehen kann. Dieses Umschalten und Umdeuten bezieht sich auch auf das Führungsziel, das der Klient in der zweiten Coaching-Sitzung definiert hat, nämlich »mehr Eigenständigkeit und Selbstverantwortung seitens der Mitarbeiter« akzeptieren zu können. Die Antwort auf die provokative Frage zeigt dem Coach jedoch, dass der Klient noch zu sehr emotional mit der Situation verstrickt ist.

Coach und Klient brauchen hier keinen offiziellen Sitzungsanfang, da sie durch das Verbalisieren von Gefühlen (einer der beiden Spielarten des aktiven Zuhörens) und die provokative Intervention ohne Umschweife zum Thema der Sitzung kommen.

Vorbereiten der Umdeutungs-Bereitschaft

Vorbereitung zur Bereitschaft neuer Sichtweisen

Die erste Gesprächsphase tituliert der Coach im Geiste als »Einkreisen des eigentlichen Themas«, und zwar aus der Sicht des Klienten sowie aus der Perspektive des Coachs in der Funktion des außen stehenden Betrachters und Analytikers. Dieses Einkreisen bereitet er vor, indem er dem Klienten zunächst Raum lässt, seine Gefühle auszudrücken und zu erzählen, was vorgefallen ist. Nachdem der Coach den Eindruck gewonnen hat, der Klient habe seine Erregung durch das Schildern des Vorfalls etwas abbauen können, verändert er seinen Moderationsstil abermals.

Im weiteren Gespräch wechselt der Coach zwischen informativen Fragen, aktivem Zuhören, provokativen Fragen und Aussagen. Er strebt an, sich selbst ein immer genaueres Bild von dem Geschehen und den möglichen Motivationen seines Klienten zu machen. Gleichzeitig will er diesen darauf vorbereiten, andere Interpretationen des Geschehens zuzulassen. Diese Strategie erlaubt eine zunehmende Differenzierung von Fakten einerseits und Deutungen sowie Gefühlen andererseits.

Nachdem aber zaghafte Verweise und Nachfragen, die auf geltende Regularien und die Führungsvision des Klienten zielen, nicht zu einer vertieften Betrachtung führen und der Klient die Umdeutungsvorschläge des Coachs ignoriert, greift dieser zu drastischeren Formulierungen (»Wollen Sie ihn bestrafen?« und »Sie wollen sich dafür rächen, dass …?«). Diese Provokationen erreichen ihr Ziel, nämlich das Selbstbild des Klienten, denn er reagiert äußerst heftig. Obwohl der Coach weiß, dass sich im Klienten noch Widerstände regen oder zumindest innerlich eine ablehnende Haltung gegenüber einer Umdeutung vorherrscht, versucht er, eine konstruktive Wende herbeizuführen. Er probiert dies trotz des Unwillens des Klienten, weil er erkennt, dass die Intensität der Empörung nachgelassen hat und auf ein Niveau gesunken ist, das den Erfolg des Versuchs in Aussicht stellt.

Einleiten der konstruktiven Wende

Die Wende leitet der Coach ein, indem er eine Zusammenfassung des Situationsberichts gibt. Dabei achtet er penibel darauf, die zentralen Begriffe des Klienten genau zu zitieren. Es empfiehlt sich, diese Begriffe, die die gefühlsbetonte Reaktionsintensität des Klienten kennzeichnen, wörtlich zu wiederholen, da der Coach damit Rapport (dieser Terminus entstammt dem Vokabular des Neurolinguistischen Programmierens und meint »Einklang«, »Einverständnis«) bewahren bzw. wieder herstellen kann. Der Coach zeigt dem Klienten, dass er aufmerksam zuhört, den Klienten ernst nimmt, ihn verstehen will, und signalisiert ihm damit Empathie.

Auf die Zusammenfassung reagiert der Klient ungeduldig, sogar leicht unwillig, gleichzeitig aber doch mit einer gewissen Neugier. Diese Ambivalenz mag darin wurzeln, dass der Klient den Coach noch immer einer heimlichen Allianz mit dem Projektleiter verdächtigt und/oder darin, dass er nicht sieht, worauf der Coach hinauswill. Dieser nimmt seinerseits die letzten Worte des Klienten in dem Anfang seiner Antwort wörtlich auf und knüpft daran seine Gedanken. Er zeigt dem Klienten damit, dass er dessen Ungeduld akzeptiert. Er klärt ihn darüber auf, welche Funktion das Resümee hat, und schlägt vor, weiter im Dialog fortzufahren. Sein Vorschlag lautet inhaltlich: »Nehmen wir doch jetzt einmal Ihre eigenen Ambitionen, eine ›gute Führungskraft‹ zu sein, Ihre Vision, die Sie letztes Mal geschildert haben, und spiegeln sie an dem Ereignis, respektive an dem Verhalten des Projektleiters.«

Das akzeptiert der Klient, inzwischen emotional beruhigt. Er betrachtet das Ereignis und seine Reaktion darauf im Vergleich zu seinen eigenen Führungsvorstellungen. Er akzeptiert den Aspekt, den der Coach vorschlägt, und reflektiert das Verhalten seines Projektleiters unter dieser neuen Perspektive. Das ist der erste Schritt zur Umdeutung, zur konstruktiven Behandlung des Ereignisses.

Fortführen der Umdeutung

Jetzt gleitet der Klient im Fahrwasser der neuen Betrachtung der wichtigsten Aspekte des Ereignisses. Ab und zu trifft er auf emotional begründete Hindernisse, die zu umschiffen der Coach ihm hilft. Dies tut er mit unterschiedlichen Mitteln. Die Bezugnahme auf die Führungsphilosophie erleichtert es dem Klienten, die innere Zwiespältigkeit und die Gefühle des Verletztseins zu vergegenwärtigen. Ferner hinterfragt er so seine eigene Reaktionsweisen und Motive. Suggestive oder rhetorische Fragen setzt der Coach dann ein, wenn er den Klienten auf Diskrepanzen zwischen Selbstanspruch und dem faktischen Verhalten aufmerksam machen möchte – und auch, um zu überprüfen, ob und inwiefern es dem Klienten ernst ist mit der »Revolutionierung« seines Führungshandelns. Durch diese Gesprächsführung gelingt es dem Klienten, das Verhalten des Projektleiters hinsichtlich der Beurteilung »eigenmächtig« konstruktiv umzudeuten. Schwieriger gestaltet sich dieser Prozess, was die Wertung »hat mich hintergangen, war illoyal und hat mich blamiert« betrifft.

Prüfen des Commitments zu neuen Sichtweisen

Deshalb greift der Coach zu einer weiteren Möglichkeit aus dem Repertoire seiner Interventionstruhe.

Er konstruiert eine Situation, die dem Umfeld des Klienten nahe kommt. Die Analogie (das Beispiel mit der Chefin des Klienten) nutzt die psychologischen Vorteile, die Betroffenheit und Vertrauen im Klienten erzeugen. Da der Klient sich mit der geschilderten Situation identifizieren kann, kann er eigenes Erleben in die Diskussion einbringen. Das Gespräch gewinnt an Vertrautheit, Lebendigkeit und Praxisnähe. Diese Plattform ermöglicht es ihm, sich in den Projektleiter hineinzuversetzen, Empathie zu empfinden und sein eigenes Blickfeld zu erweitern. Dies wiederum erleichtert es, eine neue Sichtweise zuzulassen und auszuprobieren.

Betroffenheit und Reflexion

Genau dies passiert. Die Erlebnisnähe initiiert andere Deutungen. Der Coach kann seine Rolle darauf beschränken, den Transfer von dem Beispiel auf die aktuelle Situation sicherzustellen und das Beispiel zielgerichtet weiterzuführen. Das Ziel besteht darin, den Klienten zu ermutigen, das Verhalten, das dieser als »hintergangen«, »illoyal« und »blamiert« wertet, in einem anderen Licht zu sehen, also umzuinterpretieren. Dieser Prozess ist kognitiv abgeschlossen, als der Klient – im Zuge der Analogie – begreift, dass das Verhalten des Projektleiters sachlich gerechtfertigt und psychologisch nachvollziehbar ist. Er akzeptiert es und beurteilt es als konstruktiven Beitrag.

Ich sagte gerade, ist »kognitiv abgeschlossen«, mit der Betonung auf »kognitiv«. Denn der Coach hört hinter den Worten sehr wohl noch Zweifel und Unsicherheit. Über aktives Zuhören hakt er nach: »Sie fühlen sich ›eigentlich‹ ganz gut?« Die Nachfrage zielt darauf ab herauszufinden, was dem Klienten noch ein »mulmiges Gefühl« bereitet. Wie sich zeigt, handelt es sich dabei um die Spannungen in der Beziehung zum Projektleiter in Zusammenhang mit dem angestrebten Delegieren von Arbeitsabläufen an diesen.

Szenarien/ imaginäres Erleben

Der Coach reagiert mit einer Meta-Frage: Der Klient soll schildern, was passieren müsste, damit das mulmige Gefühl einem harmonischen weichen bzw. in dieses umgewandelt werden könnte. Dieser (im NLP beliebte) Schachzug regt das Visionieren an. Gedanklich experimentiert der Klient mit einer Situation, die er sich wünscht. Im Zuge dieses Visionierens oder lebhaften Visualisierens unter Einschluss aller Sinne wird der anvisierte Zustand konkreter. Simultan überprüft der Klient (und auch der Coach), ob der ideale Zustand ernstlich angepeilt wird. Der Coach steuert diesen Dialogteil so, dass die Thematik »Delegation« und »Gespräch mit dem Projektleiter« nur angeschnitten wird. Ihre vertiefte Behandlung bedarf sorgfältiger Arbeit, die in der aktuellen Sitzung nicht mehr geleistet werden kann. Aus diesem Grund verschiebt er sie, mit dem Einverständnis des Klienten, auf die nächste Sitzung.

Abschluss der Sitzung

Der Coach rundet die Sitzung ab, indem er nochmals auf die Kernarbeit der Sitzung zurückkommt, nämlich auf den Abgleich von Anspruch und Wirklichkeit am Beispiel des Ereignisses. Dabei folgt er einem Leitsatz des systemischen Denkens, dass nämlich alles mit allem zusammenhängt – und entsprechend eine Veränderung weitere hervorruft. Er nimmt das Ereignis und konfrontiert es mit unterschiedlichen Vorstellungen und Ansprüchen, die der Klient im Rahmen seiner Führungsphilosophie verwirklichen möchte. Das Ereignis repräsentiert die Schwierigkeiten und die innewohnende Logik, auf die der Klient im Veränderungsprozess stoßen wird. Die Gegenüberstellung von Führungsphilosophie und Ereignis verdeutlicht außerdem, welche Verhaltensanforderungen der Klient (als Akteur und Initiator) an sich sowie an die Mitarbeiter (als Betroffene, die zudem zu Beteiligten werden sollen) eigentlich stellen möchte.

Verflechtung des aktuellen Vorfalls mit der Vision von Führung

Der Coach bittet den Klienten also darum, seine Führungsvision mit dem Ereignis systematisch in Beziehung zu setzen. Der Klient kommt dieser Einladung nach – und (wiederholt) zu der Einsicht, dass er sich viel vorgenommen hat. Dieses Bewusstsein mündet dieses Mal nicht in Ironie oder Resignation, sondern in frohe Erwartung, weil die Coaching-Arbeit zunehmend praktisch wird.

(Es gibt Coachs, die diese Erleichterung und Begeisterung beklagen. Die Kritik entzündet sich an der Einstellung von vielen Coachs, das Coaching diene in erster Linie der reinen Kontemplation, um verborgene Motive und Muster im Verhalten bewusst zu machen. Nach dieser Auffassung soll die pragmatische Dimension möglichst lange unbeachtet bleiben, um den Prozess tiefgründigen Nachdenkens nicht zu verkürzen. In meiner Arbeit verbinde ich beides miteinander. Grundsätzliches Reflektieren dient dann dazu, nicht oder nur vage bewusste Werthaltungen, Beweggründe und Verhaltensweisen zu erkennen. Die pragmatische Orientierung sorgt dafür, diese Erkenntnisse auf die aktuelle Situation zu übersetzen und kritisch zu fragen, ob, warum und was der Klient verändern möchte.)

Der Coach klärt auch in dieser Sitzung die Prioritäten im weiteren Vorgehen ab und gibt Aussicht auf die noch ausstehenden Themen. Coach und Klient einigen sich auf das Kernthema der nächsten Sitzung.

Nachsatz zur Sitzung

Umdeutungs-Optionen versus Manipulation

Es könnte sein, dass Sie, werte Leserin und werter Leser, beim Lesen des Dialogs und Kommentars den Coach verdächtigen, den Klienten »manipuliert« zu haben. Denn hat der Coach den Klienten nicht »dahin gebracht, wohin er ihn haben wollte«, nämlich zu einer Umdeutung des Zwischenfalls in der Teamsitzung?

Der Begriff »manipulieren« kommt von »manipuler« in der Bedeutung von »handhaben«. Die etymologische Bedeutung von Manipulation lässt sich zurückführen bis ins 18. Jahrhundert als »magnetischer Heilversuch durch Bestreichen mit der Hand«. Die heutige Skepsis gegenüber dem, was Manipulation bedeutet, erklärt sich vermutlich aus der Verbindung von Magnetismus und Handhaben. Die Unerklärlichkeit magnetischer Wirkung pflanzte sich bis zum heutigen gängigen Verständnis des Manipulierens fort und ruft den Verdacht der Machtausübung entgegen dem Wollen des Gegenübers hervor. Manipulieren verstehen wir gegenwärtig meistens so, als zwinge der Manipulator dem Partner, mehr oder minder suggestiv, seinen Willen auf. Der Terminus Manipulation ist folglich negativ besetzt.

Diesem etwaig aufkeimenden Manipulations-Verdacht im genannten Sinne trete ich selbstverständlich vehement entgegen. Die Ausweitung des Blick- und Deutungsfeldes und das Experimentieren mit neuen Sichtweisen hat nichts mit Zwang zu tun. Der Coach lenkt den Klienten im Gespräch zwar dahin, andere, bis dato fremde Sichtweisen auszuprobieren. Er tut dies jedoch in seiner Funktion als Katalysator. Deshalb operiert er vorzugsweise mit Fragen und Ermunterungen, neue Betrachtungsweisen wahrzunehmen und zu überprüfen, was diese in ihm, dem Klienten, auslösen: ob und inwiefern die neuen Interpretationen für ihn »stimmig« sind oder eben nicht. Keinesfalls drängt der Coach den Klienten dazu, die neuen Sichtweisen beizubehalten und ihnen entsprechend zu handeln. Der Coach steht aufgrund seiner Funktion in der Verpflichtung, die Vielfalt an Optionen zu mehren und dabei sein Augenmerk auf jene konstruktiven Möglichkeiten zu richten, die mit den Interessen und Wünschen des Klienten übereinstimmen. Ob der Klient die Angebote annimmt und welche Chancen er ergreift, entscheidet dieser ganz allein.

Die vierte Coaching-Sitzung

C: »Guten Tag, Herr Ritter! Na, haben Sie am Wochenende das schöne Wetter genossen?«

K: »Selbstverständlich! Wenn's bei uns schon mal sonnig ist, muss man das genießen! Wir waren am See zum Schwimmen. Das Wetter war ja wirklich traumhaft. Ich habe mir endlich Zeit und Muße genommen, in Ruhe nachzudenken. Ich habe auch mit meiner Frau ausführlich gesprochen. Die Belastungen im Geschäft sind leider nicht spurlos an unserer Beziehung vorbeigegangen. Sie warf mir vor, ich hätte mich in den letzten Monaten ziemlich zurückgezogen und sei eigenbrödlerisch geworden. Ich musste ihr da zustimmen. Aber ich wollte sie mit meinen Wehwehchen nicht belasten, weil sie selbst in ihrem Beruf sehr beansprucht ist.«

C: »Und am See haben Sie sich mitgeteilt?«

K: »Ja. Wir haben ausführlich über meine Ideen gesprochen, also über meine Unzufriedenheit mit meiner Führungssituation und meinen Vorstellungen, sie zu verändern. Und natürlich über den Christian Kilian. Ich tu mich halt fürchterlich schwer mit ihm. Wir sprachen auch über das Gespräch, das ich mit ihm führen möchte. Ich glaube, die Unterhaltung mit meiner Frau war eine gute Vorbereitung für unsere heutige Sitzung.«

C: »Sehr schön. Was haben Sie sich denn dazu überlegt?«

K: »Sie sagten ja, wir wollten darüber reden, was ich mit ihm besprechen möchte und auch warum und wie ich es am besten anstelle. Ich habe mir gestern Abend ein paar Notizen gemacht, worüber ich mit ihm reden sollte. Also, zuerst einmal will ich ihm sagen, dass ich ihm sein Verhalten in der letzten Projektsitzung nicht mehr übel nehme, ja, dass ich seine Reaktion sogar verstehen kann.«

C: »Warum ist es Ihnen ein Anliegen, ihm das mitzuteilen?«

K: »Weil ich meine Meinung wirklich geändert habe. Zwar finde ich die Provokation nach wie vor nicht eben toll, aber ich kann sie nachvollziehen. Unsere Umdeutung seines Verhaltens in der Projektsitzung war für mich eine wichtige Übung. Ihre Fragen haben mich sehr zum Nachdenken gebracht. Ich habe später noch lange gegrübelt und bin zu dem Schluss gekommen, dass ich wahrscheinlich sehr ähnlich gehandelt hätte. Außerdem

Vom Privaten zum gegenwärtigen Fokus

Gesprächsinhalte und Ziele

will ich ja mein Führungsverhalten verbessern. Ich möchte, dass er mir ab-
nimmt, dass ich es ernst meine. – Und ganz nebenbei: Ich habe einfach
keine Kraft und auch keine Lust mehr, mit ihm andauernd im Clinch zu
liegen. Ich will das Verhältnis auf ein vernünftiges Niveau bringen.«

C: »Sie wollen ihm also Ihre neue Sichtweise mitteilen und begründen, um
Vertrauen zu ermöglichen und die Zusammenarbeit zu verbessern?«

K: »Ja genau. Ich möchte mich auf ihn verlassen können. Das kann ich jetzt
noch nicht, weil ich ihm nicht recht traue. Ich stelle immer noch seine
Loyalität infrage. Vielleicht misstraut er mir ja auch. Immerhin habe ich
ihm ja die Projektleitung formell übertragen, regiere ihm aber häufig
rein. Darüber haben meine Frau und ich auch gesprochen. Über meine Fehler.
– Sie nannten es letztes Mal: mein Beitrag zum Problem. – Ich habe mir
überlegt, dass wir erst einmal das Fundament schaffen müssen. Ich
möchte in dem Gespräch am liebsten einen Schlussstrich unter die alten
Querelen ziehen und neu anfangen. Jedenfalls möchte ich ihm das vor-
schlagen.«

C: »So weit ich Sie richtig verstanden habe, verfolgen Sie das Hauptziel, eine
Vertrauensbasis für die Zusammenarbeit zu schaffen. Dieses Hauptziel
gliedern Sie in zwei Unterziele: Sie möchten ihm mitteilen, dass und warum Sie den Vorfall in der Projektsitzung, sein Verhalten und Ihre Reaktion, neu interpretieren, und Sie möchten das Vergangene auf sich beruhen lassen und vor allem über die Gegenwart und Zukunft mit ihm reden.«

K: »So ist es. Nur – ich weiß nicht, ob er sich darauf einlässt.«

C: »Worauf?«

K: »Darauf, das Vergangene sozusagen zu vergessen. Unser Verhältnis war ja
schon angespannt, als wir noch Kollegen waren. Und er hat ein Elefanten-
gedächtnis! Wenn er einem etwas übel nimmt, dann auf ewige Zeiten!«

C: »Was genau befürchten Sie?«

K: »Na ja, dass er mit alten Kamellen kommt. Er kann sich entsetzlich an
Kleinigkeiten festhalten. Und in einer Ausführlichkeit – da würde es selbst
Ihnen schwer fallen, ruhig zu bleiben!«

C: »Noch einmal: Was genau befürchten Sie?«

»Lauernde Gefahr« K: »Dass ich mich wieder hineinziehen lasse in diese unfruchtbaren Streitge-
spräche! Wie schon so oft. Immer wieder habe ich mir vorgenommen,
cool zu bleiben und die Nebensächlichkeiten oder die alten Geschichten
auf sich beruhen zu lassen. Doch dies ist mir nie gelungen.«

C: »Haben Sie schon öfter versucht, ein grundlegendes Gespräch mit ihm zu
führen?«

K: »Ansatzweise. Meistens ist es so, dass eine Meinungsverschiedenheit irgendwie dazu auswächst, dass wir einander mehr oder weniger Beschuldigungen oder Ermahnungen an den Kopf schmeißen.«

C: »Und Sie befürchten, dass das wieder passieren könnte?«

K: »Exakt.«

C: »Wie haben Sie denn bisher versucht, diese unfruchtbaren Reibereien zu vermeiden?«

K: »Ich habe ihm immer wieder erklärt, warum ich auf etwas bestehe oder etwas Bestimmtes meine.«

C: »Und wie hat er darauf reagiert?«

K: »Wie immer: Er hat mich mehr oder weniger gelangweilt angeguckt und nichts gesagt. Ich kam mir vor, wie der Rufer in der Wüste. Wirklich sehr unangenehm.«

C: »Tja, was meinen Sie: Was können Sie anderes machen in dem bevorstehenden Gespräch?«

K: »Das wüsste ich gerne von Ihnen! Ich habe ja schon alles versucht.«

C: »Was heißt das: alles versucht? Was alles?«

K: »Ich habe alle Register gezogen: Ich habe mit Engelszungen geredet, habe ihn angeblafft, habe ihm konkret gesagt, was er wie machen soll, habe ihm erläutert, warum ich was von ihm will und so weiter.«

C: »Mit anderen Worten: Es waren vor allem Sie am Reden?«

K: »Ja, natürlich. Erstens wollte ich ja etwas von ihm und zweitens äußert er sich so gut wie nie.«

Perspektivenwechsel C: »Hm. Wie, Herr Ritter, muss Ihnen ein Gesprächspartner entgegenkommen, damit Sie ihm etwas erzählen, Informationen geben und Sie ein Gespräch als Dialog, als zweiseitige Kommunikation, erleben?«

K: »Merkwürdige Frage. Er muss mir natürlich zuhören.«

C: »Und wodurch veranlassen Menschen einander zuzuhören?«

K: »Wird das jetzt ein Quiz? – Oh, okay. Ich weiß, was Sie meinen: Fragen stellen, nicht?«

C: »Genau. Haben Sie Herrn Kilian überhaupt Fragen gestellt?«

K: »Selbstverständlich. Zum Beispiel habe ich ihn öfter gefragt, warum er selten was sagt und nicht mit eigenen Ideen kommt.«

C: »Und wie lautete seine Antwort?«

K: »Immer gleich. Er sagte, ich würde ja ohnehin nur gelten lassen, was ich denke, und dass es keinen Sinn mache, eine andere Auffassung zu vertreten. Er hat dann jedes Mal Beispiele gebracht, in denen das angeblich so war.«

C: »Er sagt also doch was?«

K: »Ja, schon. Aber was! Zum Teil kommt er mit Vorstellungen, da möchte ich ihn am liebsten kräftig durchschütteln!«

C: »Hm. – Wie haben Sie gewöhnlich auf eine kritische Äußerung reagiert?«

K: »Ich habe – das war wohl ein Fehler, kommt mir jetzt –, ich habe sofort eingehakt und ihm, wie ich zugeben muss, in epischer Breite erklärt, wieso ich in dem und dem Fall so und so gehandelt habe oder einen Punkt anders sehe und beurteile.«

C: »Warum, meinen Sie, haben Sie das getan?«

K: »Na ja, ich hielt seine Ideen für Humbug. – Wenn ich aber kritisch darüber nachdenke, glaube ich, dass es mir wichtig war, meine Meinungen und mein Verhalten in ein rechtes Licht zu rücken. Ich wollte, dass es als richtig erscheint – und dass Kilian das akzeptiert.«

C: »Sie meinen, dass auch er es als richtig beurteilte und glaubte?«

K: »Ja. Nicht einfach aus Rechthaberei. Oder zumindest nahm das Rechthabenwollen nur einen kleinen Teil ein. Ich wollte, dass er versteht, warum ich jeweils so und nicht anders entschieden und gehandelt habe.«

C: »Sie wollten Konsens?«

K: »Ja, wollte ich. Allerdings – das sehe ich inzwischen – auf seine Kosten. So nach dem Motto: Ich habe Recht und du musst mir Recht geben.«

C: »Wir ignorieren momentan das Thema Konfliktbereitschaft und richten unsere Aufmerksamkeit ganz pragmatisch auf das bevorstehende Gespräch. Ich fasse zusammen: Bisher haben Sie die Erfahrung gemacht, dass Ihre Ausführungen zu Herrn Kilian nicht in der von Ihnen gewünschten Weise durchdringen. Er schweigt zu Ihren Erläuterungen und wortreichen Hinweisen, mit denen Sie erreichen wollten, dass Ihr Verhalten in ein rechtes Licht gerückt, als richtig anerkannt wird und Herr Kilian diese Ihre Sichtweise teilt. Sie befürchten, in dem bevorstehenden Gespräch in dieses Muster zurückzufallen. – Stimmt das?«

Zusammenfassung der Routine

K: »Ja.«

C: »Noch einmal meine Frage: Was können Sie tun, um dieses Muster der Kommunikation zu durchbrechen?«

Frage nach Antworten

K: »Wahrscheinlich müsste ich ihm zuhören. Also Fragen stellen. – Aber das habe ich ja schon versucht!«

C: »Wie viel Zeit haben Sie ihm denn für die Antwort gelassen?«

K: »Okay. Erwischt! – Wenn er nicht sofort loslegte, redete ich weiter und ich unterbrach ihn, sobald er anfing, mich zu kritisieren.«

C: »Wenn man auf diese Weise regelmäßig unterbrochen wird – dann würde es sicherlich auch Ihnen keinen Spaß machen, etwas zu sagen, oder?«

K: »Nein, sicher nicht. – Spielen Sie auf die Feedback-Regeln an?«

C: »Sie kennen sie. Prima. Ja, das tue ich. Es macht Sinn, einem Feedback oder einer kritischen Äußerung zuzuhören und nur zu unterbrechen, wenn man Verständnisfragen hat. Auf diese Weise erfährt der Zuhörer, was der Partner mitteilen möchte, wie seine Sicht lautet – und kann darüber erst einmal nachdenken. Bezogen auf Sie und Herrn Kilian hat Herr Kilian offensichtlich gelernt, dass Sie ihn mit Ihrer Eloquenz überfahren.«

K: »Das stimmt. Er hat einmal gesagt, ich würde ihm das Wort im Mund umdrehen und ohnehin immer das letzte Wort haben wollen und ihn regelrecht überrollen. – Hm, schlecht.«

C: »Und Sie haben gelernt: Wenn ich nicht rede, redet niemand. – Gut, ich denke, wir haben jetzt genügend Material gesammelt, damit Sie meine Frage von vorhin beantworten können: Was können Sie tun, um die bisherige Lernerfahrung, die Sie und Herr Kilian gespeichert haben, zu verändern? Sie wissen inzwischen: Es geht um Muster in der Kommunikation.«

K: »Ich sollte ihm nicht nur Fragen stellen, sondern ihm auch Zeit lassen zu antworten. Außerdem muss ich mir verkneifen, rechthaberisch zu wirken. Und drittens muss ich mich kurz halten. Oder?«

C: »Und Sie sollten darauf achten, den roten Faden zu behalten. Das heißt, Sie sollten vermeiden, auf Beispiele zu sehr einzusteigen. Beispiele können etwas illustrieren, aber sie eignen sich nicht, um zu argumentieren.«

K: »Leicht gesagt. Was soll ich denn machen, wenn er mal wieder auf einem Beispiel herumhackt?«

C: »Was sagen Sie zu einem Gesprächspartner, der Ihnen anhand eines Beispiels zeigen will, was Sie ›immer‹ oder ›meistens‹ oder auch nur ›oft‹ falsch machen? Was sagen Sie zu ihm, wenn ein Beispiel das nächste jagt?«

K: »Ich habe einen anderen Kollegen, der das so macht. Manchmal macht das auch meine Frau. Ja, was sage ich dann? Meistens weise ich darauf hin, dass es Gegenbeispiele gibt. Die nenne ich kurz. Und füge dann an, dass es keinen Sinn macht, in der Vergangenheit liegende Fälle breit zu treten. Außerdem liegt jedes Beispiel anders. Vielmehr sollten wir aus den Beispielen lernen und es in Zukunft besser machen. Sozusagen die Quintessenz herausziehen und mit ihr weiterarbeiten.«

C: »Okay. Was spricht dagegen, dass Sie sich selbst in Ihrem Gesprächsverhalten an diese Ihre Einsicht halten?«

K: »Eigentlich nichts. Ich meine, sachlich gesehen, gar nichts. Es ist nur, dass ich mich vom Kilian so leicht provozieren lasse.«

C: »Nehmen wir an, Herr Kilian fängt mit einem Beispiel an, schildert das detailliert und verbindet es mit einer Kritik an Ihnen. Lassen Sie uns das kurz spielen. Ich übernehme Herrn Kilian. Wie könnten Sie reagieren?«

K: »Ich könnte sagen: ›He, warte mal. Gut, das Beispiel zeigt das und das. Und auch wenn es mir nicht passt und ich es anders sehe: Du meinst, ich hätte den und den Fehler gemacht. Dann lass uns mal das Beispiel zum Anlass nehmen und darüber nachdenken, wie wir vermeiden können, den gleichen Fehler nochmals zu machen. Oder was ich tun muss, damit so etwas nicht noch einmal vorkommt. Was schlägst du vor?‹«

C: »Ach, darüber zu diskutieren, bringt ja doch nichts. Du kannst ja doch nicht aus deiner Haut heraus!«

K: »Nein, ehrlich, ich will was verändern. Sag doch mal, wie du das siehst. Wenn du mir das nicht sagst, kann ich auch nichts verändern.«

C: »Das kann ich kaum glauben. Seit ewigen Zeiten steckst du deine Nase in meine Angelegenheiten. Warum sollte sich das jetzt ändern?«

K: »Weil ich mir grundlegende Gedanken gemacht habe. Außerdem weißt du, dass ich das Coaching mache. Ich habe einige Fehler, die ich gemacht habe, erkannt und möchte vermeiden, sie wieder zu machen. Dazu brauche ich aber deine Unterstützung. – Na, was ist?«

C: »Na ja. Versuchen können wir das ja mal. Also gut. Was ich dazu denke, ist …« – »Vielen Dank, Herr Ritter, für das kleine Rollenspiel.«

K: »Das war ziemlich realistisch, muss ich sagen. Also so könnte ich es machen. Ja? Könnte klappen.«

C: »Ein weiterer Punkt, der Ihnen Sorge macht, ist, dass Sie zu viel und zu lange reden. Wann ist das denn typischerweise der Fall?«

K: »Auf jeden Fall, wenn Kilian nichts sagt. Und wenn ich mich zu Unrecht angegriffen fühle.«

C: »Gehen wir erst auf den Fall des Schweigens ein. Was macht es Ihnen schwer, einfach zu warten?«

K: »Ich ertrage das Schweigen schlecht. Ich beginne, mich unwohl zu fühlen, und denke, dass der andere von mir etwas erwartet. Deshalb fange ich dann an zu reden. Manchmal aber auch nur aus Ungeduld. Beim Kilian bin ich oft ungeduldig und fühle mich unwohl.«

C: »Wie könnten Sie das Warten bzw. Schweigen erträglich machen und dennoch nicht losreden?«

K: »Tja, ich könnte die Augen rollen und Däumchen drehen. – Nein! War ein Scherz. Also ich könnte innerlich vielleicht an etwas anderes denken. Oder ich könnte meine Frage noch einmal mit anderen Worten wiederholen. Ich könnte ihm auch sagen, wie in unserem kurzen Rollenspiel gerade, dass ich seine Antwort brauche, um auf sie aufzubauen. Oder ich könnte durch Mimik und Körperhaltung verdeutlichen, dass ich seine Antwort wirklich will.«

C: »Na, da nennen Sie ja eine ganze Palette von Möglichkeiten. Welche trauen Sie sich denn zu?«

K: »Ich müsste mich auf jeden Fall beherrschen und meine Ungeduld verbergen. Ich traue mir zu, kurz an etwas anderes zu denken, damit ich einige Sekunden wirklich warten kann. Dann würde ich meine Frage noch einmal, aber in anderen Worten wiederholen. Und ich traue mir zu, ihm zu begründen, warum ich seine Antwort wirklich haben möchte. Ja, ich weiß, ich muss darauf achten, mich kurz zu fassen! – Das mit der Mimik und Gestik kann ich mir nicht so gut vorstellen. Wäre mir zu künstlich. Was ich noch machen werde, ist: mich daran zu erinnern, welchem Zweck das Warten dient! Damit gewinne ich Zeit – und gebe sie ihm zugleich.«

C: »Möchten Sie das Thema vertiefen?«

K: »Nein, da fühle ich mich recht sicher. Danke.«

C: »Gut. – Dann bleiben noch folgende Fragen zu klären. Erstens: Wie werden Sie Provokationen begegnen? Zweitens: Wie werden Sie in das Gespräch einsteigen? Drittens: Welche Inhalte wollen Sie außer den genannten zur Diskussion stellen? – Also: Nehmen wir an, Herr Kilian beschuldigt Sie, ihm ins Handwerk gepfuscht zu haben. Etwa: ›Vorgestern, als ich eine interne Sitzung mit zwei Leuten aus dem Team hatte, bist du mal wieder einfach hereingeplatzt und hast Fragen gestellt, ohne überhaupt im

Hürde:
eigene Redefreudigkeit
und Ungeduld

Auswege

Beleuchten weiterer
Schwierigkeiten in der
Gesprächsführung

Bilde zu sein, und außerdem hast du gestört. Ist das vielleicht die feine Art?‹ – Frage an Sie: Wie würden Sie normalerweise reagieren und wie könnten Sie anders reagieren?«

Umgehen mit »Provokationen«

K: »Normalerweise würde ich jetzt erklären, wie es gekommen ist und warum ich nicht anders handeln konnte. Jetzt würde ich darauf nicht eingehen, sondern versuchen, sofort seine Sicht einzunehmen. Also ungefähr so: ›Ja, okay. Ich hatte zwar meine Gründe dafür. Aber du hast Recht, war natürlich nicht die feine Art. Entschuldige. – Was schlägst du denn vor, könnte ich tun, wenn mir etwas auf den Nägeln brennt, das ich dir oder Leuten aus dem Team unbedingt sagen oder sie fragen muss – und du bist gerade in einem Meeting?«

C: »Na, auf jeden Fall nicht, einfach reinrauschen und loslegen!«

K: »In Ordnung. Aber was sollte ich deiner Meinung nach konkret machen?«

C: »Also, wenn du es wirklich nicht aufschieben kannst, dann kannst du höflich anfragen, ob du kurz stören kannst.«

K: »Ja, okay. Es wäre also für dich in Ordnung, wenn ich nachfrage, ob du oder ihr kurz Zeit hättet?««

C: »Ja, Herr Ritter, das wäre okay.« – Das hat Sie aber ordentlich Überwindung gekostet?«

Überhören

K: »Ich muss ja selbst grinsen. Sie meinen also: Persönliche Attacken oder vielmehr das, was ich so auffasse, geflissentlich überhören?«

C: »Das hat meistens Vorteile. Sie können sich vorzugsweise am sachlichen Inhalt entlanghangeln und gehen so persönlichen Querelen aus dem Weg. Auf jeden Fall eröffnen Sie sich mehr Optionen mit diesem Vorgehen, wenn Sie Botschaften, die neu sind, an den Mann bringen wollen. Und das wollen Sie im Fall des Herrn Kilian ja, nicht wahr?«

Meta-Perspektive

K: »Stimmt. Okay, ich muss also in die Meta-Perspektive, aus der Vogelperspektive schauen, um ein Bild von Ihnen aufzugreifen. Gut, die Frage, wie ich mit solchen Provokationen umgehen kann, können wir also abhaken.«

C: »Gestatten Sie mir dazu einen zweiteiligen Hinweis. Erster Teil: Es ist ausnahmslos wichtig, genau hinzuhören. Darüber haben wir schon gesprochen. Erinnern Sie sich an das kleine Kommunikationsmodell mit den zwei oder das raffiniertere mit den fünf Dimensionen der Kommunikation. Wenn Sie spüren, dass Sie eine Bemerkung sehr verletzt hat und Sie sie nicht einfach ignorieren können, dann empfiehlt es sich, das auch zur Sprache zu bringen.«

K: »Dann kommt die Ich-Botschaft zum Zuge, die wir bereits besprochen haben. Habe ich übrigens schon ausprobiert. Bei meiner Chefin und bei einem Kollegen. Beide waren zwar verdutzt, aber es hat mir geholfen.«

C: »Sehr schön. – Zweiter Teil: Oft sind Provokationen aus der Hitze des Wortwechsels geboren und insofern nicht bewusst positioniert. Es kann aber auch anders sein und Sie ahnen oder spüren, dass eine Herausforderung oder Verletzung gezielt angebracht wird. In solchen Fällen lohnt es sich, kurz innezuhalten, um die kommunikative Dimension der Offenbarung zu beleuchten: Was will mein Gegenüber mir damit über sich sagen? Oder auch, um die Appell-Dimension zu reflektieren: Was will mein Partner, dass ich tue? – Kurz: Auch hier kann es hilfreich sein, wenn Sie Ihre Vermutung oder Ihr Gefühl mitteilen. Etwa: ›Christian, du hast mich gerade wieder einen Bremser genannt. Was genau willst du mir damit sagen?‹ Oder: ›Wenn du mich einen Bremser nennst, dann findest du einige meiner Verhaltensweisen falsch. Was soll ich anders machen?‹ – Hört sich das für Sie machbar an?«

»Hinter die Worte hören«

Unterstützung suchen

K: »Im Prinzip schon, ja. Kostet mich sicher etwas Überwindung, aber das gilt ohnehin für das meiste Neue.«

C: »Gut. – Wie wollen Sie in das Gespräch einsteigen?«

Einstieg ins Gespräch

K: »Ich habe mir überlegt, dass ich ihm erkläre, dass und warum ich meine Sichtweise des Zwischenfalls in der Projekt-Sitzung geändert habe. Dann erläutere ich ihm, was ich mit ihm vorhabe, und begründe das. Und schließlich frage ich ihn, wie er sich seine Arbeit vorstellt und diskutiere mit ihm, wie meine Vorstellungen mit den seinen zusammenpassen.«

C: »Bieten Sie ihm ein Getränk an?«

K: »Bitte? Äh, ja natürlich. Warum?«

C: »Dann kippen Sie ihm vorher etwas ins Glas, das ihn wach hält.«

K: »Bitte, wie? – Oh, ja! Ich Prediger. Okay. Ich sollte keinen Monolog halten. Nur: Wie geht es anders? Ich muss ihm doch erst erklären – hm, muss ich? – Geben Sie mir einige Sekunden zum Nachdenken, ja? – Also, er konnte sich ja vorbereiten auf das Gespräch. Denn wie Sie empfohlen hatten, habe ich ihm den Anlass kurz geschildert, als wir den Termin vereinbarten. Wenn ich zu Beginn gleich eine Frage – nein, anders: Ich sage: ›Grüß dich, Christian. Ehrlich gesagt, habe ich mir ziemlich viel Gedanken über dieses Gespräch gemacht. Es ist mir nämlich wirklich wichtig. Ich möchte dir die gesamte Projektleitung übergeben, und zwar vollständig. Deshalb möchte ich dich fragen, wie du das anpacken wirst. Mein Wunsch ist, deine und meine Vorstellungen zusammenzuführen. Deshalb habe ich dich um dieses Gespräch gebeten. Konntest du dir schon ein paar Gedanken machen?‹ – Na, kurz genug?«

C: »Als Kilian antworte ich: Ich habe mir schon einiges überlegt. Aber – das habe ich schon öfter gemacht! Ist bisher nie was bei rausgekommen.«

K: »Ja, ich weiß. Aber diesmal ist es anders. Du weißt ja, dass ich das Coaching mache. Das hilft mir, grundlegend über mein Führungsverhalten nachzudenken. Und da will ich einiges ändern. Dazu brauche ich deine Unterstützung. Machst du mit?«

C: »Meine Unterstützung? Wieso?«

K: »Na ja. Ich möchte gerne unser Verhältnis klären oder verbessern. Und ich möchte wirklich delegieren. Ich weiß ja selbst, dass ich mich zu oft eingemischt habe. Ich will bei dem Projekt mit den Veränderungen anfangen.«

C: »Hm. Na gut. Was willst du denn ändern?«

K: »Also zuerst … – ach, warte. Sag du mir doch, was du dir so überlegt hast. Okay?«

C: »«In Ordnung. Also ich habe mir das so gedacht …« –

K: »Uff, das war keine leichte Geburt! Aber so könnte es laufen. Sie haben den Christian gut gespielt. Danke.«

C: »Fein. Was war denn am schwierigsten für Sie?«

Sich zurückhalten   K: »Na, das haben Sie sicher bemerkt. Ich war nahe daran, mit meinen Ideen loszulegen. Habe dann aber immer Ihre Mahnung: Zuhören! im Ohr piepsen hören. Und ich muss sehr darauf achten, Kritik nicht gleich als Affront zu werten, sondern bei der Sache und meinem Ziel, mich mit ihm zu einigen, bleiben. Ansonsten habe ich mich ganz gut gefühlt.«

C: »Prima. – Bleibt noch eine dritte Frage, nämlich die nach den Inhalten, die Sie mit ihm diskutieren wollen.«

K: »Ja. Moment, ich schau kurz auf meine Notizen. – Also, wenn ich es schaffe, das Gespräch etwa so, wie wir es gerade gespielt haben, zu beginnen, dann kann ich meine Absicht, ihm zu sagen, dass ich den Zwischenfall in der Projektsitzung neu interpretiere und bewerte, einflechten. Das Wichtigste ist mir, dass ich mit ihm über seine Verantwortlichkeiten als Projektleiter rede. Ich möchte seine Vorstellungen kennen lernen. Dann werde ich meine Ideen formulieren. Als dritten Schritt stelle ich mir vor, dass wir unsere Erwartungen abstimmen und Ziele vereinbaren. Darunter verstehe ich zum einen die sachlichen Projektziele, zum anderen möchte ich mit ihm über Verhaltensziele sprechen, also über seine Führung der Leute. Da er mit den Leuten viel enger zusammenarbeitet als ich, muss ich ihm auch die Personalverantwortung übergeben. Oder, was meinen Sie?«

Ziel:
»echte« Delegation

C: »Das hängt davon ab, was Sie damit beabsichtigen.«

K: »Na ja, ich möchte, dass ich wirklich delegiere. Und es heißt doch immer, Delegation bedeute das Abgeben von Aufgabe plus Verantwortung. Für mich schließt das die Personalverantwortung ein. Ich meine damit insbesondere die Förderung der Mitarbeiter und auch die Mitarbeitergespräche. Das würde ich ihm gerne übertragen. Die Gehaltsfragen darf ich ihm nicht überlassen. Aber das ist mehr oder weniger eine Formalie. Ich denke mir, vielleicht ist es möglich, dass wir die Gehaltsfragen zusammen mit dem Mitarbeiter besprechen oder dass ich das mit ihm vorbespreche, sodass ich mich gar nicht mehr einmischen muss. Auch das möchte ich mit ihm diskutieren. Ich finde das sinnvoll, eben weil er es ist, der mit den Leuten täglich umgeht. Er kann faktisch viel besser beurteilen, was sie leisten und was nicht. Das hieße allerdings, dass ich mit ihm die Beurteilungskriterien definieren muss, nicht?«

Thema:
Mitarbeiterbeurteilung

C: »Das wäre sicherlich sinnvoll. Auch im Sinne der Transparenz des Beurteilungsprozederes. Sind Ihnen die Kriterien denn klar?«

K: »Sehr grob. Wir haben in der Firma so eine Art Leitfaden. Aber der ist sehr allgemein. Er gibt Items vor, wie zum Beispiel ›Kreativität‹ oder ›Teamfähigkeit‹. Es tun sich alle schwer mit dem Ding.«

C: »Heute können wir das Thema ›Beurteilungskriterien‹ nicht mehr ausführlich bearbeiten. – Wie denken Sie sich denn, dass Sie mit Herrn Kilian darüber sprechen?«

Kriterien von
Beurteilung

K: »Ich dachte mir, ich gehe die Items mit ihm durch, um gemeinsam festzulegen, was wir darunter verstehen.«

C: »Das ist eine gute Idee. Da Sie das Gespräch mit Herrn Kilian schon in zwei Tagen führen werden, darf ich Ihnen einen Tipp geben. Den Prozess, abstrakte Items in beurteilbare Kirterien zu übersetzen, nennt man in der

Fachsprache Operationalisieren. Der Zweck der Operationalisierung ist, wie gesagt, etwas beurteilbar zu machen. Beurteilen können wir ausschließlich anhand dessen, was wir sehen, hören, also im Verhalten erkennen und folglich beschreiben können. Hangeln Sie sich an Beschreibungen entlang, können Sie stets belegen, das heißt, nachvollziehbar machen, warum Sie ein Verhalten so und nicht anders beurteilen. Motive können wir nicht sehen. Motive erschließen wir anhand von Verhaltensweisen und Handlungen. Sie können sich den Prozess der Operationalisierung erleichtern, indem Sie fragen: Woran erkenne ich, dass …?, oder: Welches Verhalten muss jemand zeigen, was muss jemand tun, damit ich ihm beispielsweise Teamfähigkeit zuspreche?«

K: »Beschreiben. Okay. Ziemlich aufwändig, was?«

Logik und Funktion der Kriterien

C: »Ja, das ist es. Aber wie so viele Funktionen in der Führung erachte ich diesen Aufwand als Investition. Sie klären einmal grundlegend, worauf es Ihnen ankommt und können die Beschreibungen immer wieder nutzen.«

K: »Und ich kann sie auch verwenden, um die wechselseitigen Erwartungen zu bestimmen. Alle Beteiligten wissen dann, worauf es ankommt, und können sich darauf einrichten, wenn sie es wollen. Thema Transparenz, nicht? Und auch Fairness. – Ja, finde ich gut.«

C: »Herr Ritter, was fehlt Ihnen noch, damit Sie sich gut präpariert fühlen für das Gespräch mit Herrn Kilian?«

K: »Hm. Lassen Sie mich kurz überlegen. – Den Einstieg haben wir besprochen; wie es laufen könnte, auch. Fragen stellen und zuhören, Beispiele nicht breittreten und Provokationen überhören bzw. bei der Sache bleiben. Dann das Abchecken der Verantwortlichkeiten und Aufgaben. Das Klären der Erwartungen und Anforderungen. Ziele vereinbaren und Beurteilungskriterien beschreibend bestimmen. – Nein, ich habe keine – oder doch. Eine Frage noch zu den Beurteilungskriterien. Müssen wir die abstrakten Items eigentlich erschöpfend definieren? Das ist ja nicht nur eine ungeheuer zeitintensive Angelegenheit, sondern auch schwierig, da die Schwerpunkte von Job zu Job bzw. Mitarbeiter unterschiedlich liegen.«

C: »Damit haben Sie sich Ihre Frage bereits selbst beantwortet. Nein, es kann nicht darum gehen, erschöpfend zu beschreiben. Zu den Gründen, die Sie genannt haben, gesellt sich ein weiterer hinzu: Die Anforderungen sind dynamisch, die Akzente verschieben und die Aufgaben verändern sich. Sinn der Operationalisierung ist, die Wahrscheinlichkeit zu erhöhen, dass Sie und die anderen Beteiligten wissen, worauf es ankommt. Das kann nur beispielhaft geschehen. Die beispielhaften Nennungen kanalisieren die Aufmerksamkeit, die ›Denke‹ und das Handeln.«

K: »Klingt vernünftig. Wie viel beispielhafte Nennungen sollten wir finden?«

C: »Hängen Sie einem Formalismus oder dem Bedürfnis nach Symmetrie an?«

K: »Wie? Ich verstehe nicht.«

C: »Ist es Ihnen wichtig, dass unter jedem Item eine gewisse Anzahl an Beschreibungen steht?«

K: »Nein. Warum sollte es?«

C: »Gut. Dann sollten Sie sich in der Diskussion auf jene Items beschränken, die Ihnen besonders wichtig sind. Damit legen Sie Schwerpunkte fest und ermöglichen die Orientierung im Handeln.«

K: »Okay. Das bedeutet, dass es durchaus unterschiedlich viele Beschreibungen pro Item geben kann, oder?«

C: »Genau.«

K: »Hm. Gut. Tja, ich glaube, jetzt habe wirklich keinen offenen Punkt mehr für heute.«

C: »Okay. Dann sehen wir uns wann wieder?«

K: » Nächste Woche bin ich viel unterwegs. Geht es in der Woche darauf? Da könnte ich am Mittwoch, allerdings erst ab 19 Uhr.«

C: »Das ist in Ordnung.«

K: »Dürfte ich Sie nach dem Gespräch mit dem Christian Kilian kurz anrufen?«

C: »Ja gern. – Ich drücke Ihnen die Daumen, Herr Ritter. Toi, toi, toi!«

K: »Danke. Kann ich gebrauchen. Bis dahin dann, tschüss.«

Kommentar zur vierten Sitzung

Einstieg in die Sitzung

Vertrauen beschleunigt den Einstieg

Die Begrüßung lässt einmal mehr erkennen, dass das Verhältnis zwischen Coach und Klient herzlicher geworden ist. Besonders deutlich wird das gewachsene Vertrauen und die Öffnung des Klienten daran, dass er dem Coach einen Blick in seine Privatsphäre gewährt. Der Coach erfährt zudem, was den Klienten intensiv bewegt. Eine Konsequenz der neu gewonnenen Vertrautheit ist, dass der Klient selbst den Einstieg in das Thema wählt, und zwar recht schnell. Ein Zeichen dafür, dass es ihm wichtig ist, in dem, was ihn bekümmert, weiterzukommen.

Überprüfung der Tragfähigkeit der Neudeutung

Nachhaken überprüft Ernsthaftigkeit

Der Coach nutzt den Gesprächsbeginn dazu, dem Klienten Fragen zu stellen, die (mehrfach) überprüfen, ob die Umdeutungen anlässlich der Projektsitzung auch weiterhin in der Veränderungsabsicht des Klienten bestehen, ob sie also nach wie vor gelten. Man kann auch sagen: Der Coach vergewissert sich, was dem Klienten ein ernsthaftes Anliegen ist und ob dieser überzeugt zu dem steht, was er formuliert.

Festlegung des Fokus der Sitzung

Der Fokus wird erarbeitet

Der Coach wendet zunächst die Gesprächstechnik des Paraphrasierens an, um mit dem Klienten das Hauptthema und die ihm innewohnenden Themen zu definieren. Als Fokus wählen sie die Vorbereitung auf das Gespräch mit Christian Kilian.

Kristallisieren der Anliegen und Ängste sowie Überwindung tradierter Muster

Im Verlauf des Dialogs zwischen Coach und Klient kristallisieren sich im Wesentlichen fünf Ängste oder Befürchtungen des Klienten heraus. Ich zähle die Befürchtungen zunächst auf, um sie danach einzeln und entlang des Dialogs zu betrachten. Es sind die folgenden:

Befürchtungen und ihre Behandlung

- ❖ Erstens die Befürchtung, von Christian Kilian trotz der guten Absicht zurückgewiesen zu werden.
- ❖ Zweitens die Befürchtung, im geplanten Gespräch mit Herrn Kilian selbst wieder in alte Muster zurückzufallen.
- ❖ Drittens die Befürchtung, sich in Beispielen zu verzetteln.
- ❖ Viertens die Befürchtung, sich provozieren und damit zu Äußerungen hinreißen zu lassen, die der Klient bereuen würde.
- ❖ Fünftens die Befürchtung, Monologe zu halten anstatt das Gespräch als Dialog zu führen.

Sie, werte Leserinnen und Leser, erkennen zweifellos, dass vier der genannten Befürchtungen einen einzigen Titel tragen: Zurückfallen in alte kommunikative Gewohnheiten. Die erste Befürchtung weicht davon insofern ab, als sie ein Motiv offen legt, nämlich akzeptiert und respektiert zu werden. Lassen Sie uns die fünf Ängste genauer unter die Lupe nehmen.

Der Coach resümiert zunächst, worauf es dem Klienten in dem Gespräch ankommt. Er paraphrasiert und überprüft damit, ob er den Klienten richtig verstanden hat, und gleichzeitig sieht er, ob der Klient zu diesem Ziel steht. Das erstgenannte Ziel lautet: Schlussstrich ziehen. Zunächst formuliert der Klient seine Skepsis und Angst, ob sich sein Kollege darauf einlassen wird. Seine Ausführungen dazu sind eher allgemein. Diese Verallgemeinerungen hinterfragt der Coach. Er nutzt dabei eine Frageart aus dem NLP, indem er den Klienten zwingt, konkret und detailliert auszusprechen, worauf er sich bezieht und wovor er Furcht empfindet. Durch diese Frageart stoßen sie auf die zweite Befürchtung, nämlich dass sich der Klient im Gespräch mit Herrn Kilian derart echauffiert, dass er das eigentliche Ziel aus den Augen und damit den roten Faden verliert.

Furcht vor Zurückweisung

Furcht vor Abwegen

Ebenfalls über Fragen holt der Coach Informationen über vergangene Gesprächsverläufe, also Erfahrungen, ein, um seine weitere Fragestrategie zu entwickeln. Auch in diesem Dialogteil nutzt der Coach einen Fragestil, der im NLP sehr beliebt ist. Die Logik dieser Art zu fragen lautet: »Wer hat was bisher gemacht und wer kann was anders tun, um die Zukunft in gewünschter Weise zu verändern?«

> *Bereits Paul Watzlawik hat darauf hingewiesen, dass die Logik des Mehr-Desselben selten dazu geeignet ist, die (von der Vergangenheit verschiedene) Gegenwart und Zukunft zu gestalten. Eine seiner populärsten Anekdoten dazu klingt etwa so: Ein Betrunkener tastet unter einer Laterne den Boden ab. Ein Polizist kommt vorbei und fragt ihn: »Sagen Sie, was suchen Sie denn da?« »Oh«, lallt der Betrunkene, »ich suche meinen Schlüssel!« Der Polizist: »Ja, wissen Sie denn, dass Sie ihn dort verloren haben?« »Nein, nein«, kommt als Antwort zurück, »den habe ich vor der Haustür auf dem Rasen verloren. Aber – da ist es so dunkel!« – Mit anderen Worten: Ich habe gelernt, dass ich nur dann etwas wieder finde, wenn ich sehen kann. Deshalb suche ich auch nur dort, wo Licht ist.*

Furcht vor Rückfällen in alte Muster und Rollen Der Coach sensibilisiert den Klienten im Verlauf des Dialogs für diese Prägung durch Vergangenes. Immer wieder fragt er nach tradierten Lösungswegen und macht den Klienten zum Betroffenen, indem er ihn in das Rollenspiel verstrickt. Er lässt den Klienten in die Rolle des Herrn Kilian schlüpfen und probt damit den Perspektivenwechsel.

An einigen Dialogstellen führen die innere Ratlosigkeit und vielleicht auch die Ungeduld des Klienten dazu, dass er vom Coach die Lösung seines Problems verlangt. Beispielsweise beantwortet der Klient den Appell, wie er etwas in dem Gespräch anders als gewohnt machen könnte, mit dem entrüsteten Ausruf: »Das wüsste ich gern von Ihnen! Ich habe schon alles versucht!« Der Coach erliegt nicht dem impliziten Appell, die Antwort zu liefern, sondern spielt die Frage zurück. In der bewährten Logik, Verallgemeinerungen nicht zu dulden, nötigt er den Klienten durch seine Frage, was denn »alles« heiße, dazu, seine Behauptung zu konkretisieren. Der Klient, noch merklich unzufrieden, geht dennoch darauf ein und gibt die gewünschte Information. Der Coach bemerkt, dass der Klient sich innerlich noch aufbäumt und die Lösung einfordert. Er interveniert mit einer sachten Provokation, indem er den Klienten mit seinem eigenen geschilderten Verhalten konfrontiert: »Mit anderen Worten: Es waren vor allem Sie am Reden?« Der Klient nimmt die indirekte Aufforderung zum Perspektivenwechsel noch immer nicht an. Deshalb versucht der Coach, persönliche Betroffenheit im Klienten zu erzeugen, indem er fragt, was sich der Klient unter einem konzilianten Gesprächspartner im Dialog vorstelle. Der Klient reagiert irritiert, antwortet indes konstruktiv.

Schritt für Schritt hakt der Coach via Fragen nach. Gemeinsam mit dem Klienten, der langsam seine Enttäuschung überwindet, dass der Coach ihm keine Lösung bietet, dringen beide zur motivationalen Grundlage vor, die das gewöhnliche kommunikative Verhaltensmuster des Klienten prägt bzw. hervorbringt. Den Abschluss dieser Sequenz bildet die wiederholte Frage des Coachs, was der Klient folglich tun könne, um diesen kommunikativen Routinen zu entrinnen. Der Klient zeigt eine Lösung auf: »Wahrscheinlich müsste ich ihm zuhören.« Gleichzeitig drückt er sofort seine Verzweiflung aus, indem er hinzufügt: »Aber das habe ich ja schon versucht!« Wieder spielt der Coach nicht den »Erlöser«, sondern stellt aufs Neue eine sacht provokative Frage und greift einen Aspekt heraus, nämlich wie viel Zeit der Klient seinem Gesprächspartner zur Antwort lässt. Der Klient reagiert prompt. Diese Spontaneität zeigt dem Coach, dass der Klient auf konstruktives Denken und Handeln eingeschwenkt ist. Der Coach vertieft die dialogische Gesprächsführung, indem er mit dem Klienten die Chancen eines Feedbacks herausstellt. Zusätzlich erweitert er die Thematik um den Gesichtspunkt der Lernvergangenheit. Beides tut er, um die gewonnene Einsicht im Klienten zu verankern. Am Schluss dieser Sequenz regt der Coach den Klienten an, die Erkenntnisse auf das Gesprächsverhalten mit Herrn Kilian zu übertragen. Der Klient antwortet mit einer Zusammenfassung der Einsichten. Durch eine Anregung des Coachs (nicht zu sehr auf Beispiele einzugehen), gelangen beide zur dritten Befürchtung des Klienten: sich in der Diskussion von Beispielen zu verheddern.

Im Verlauf des Dialogs nutzt der Coach das Potenzial von Frageformen und Rollenspielen. Zusammen mit der Besinnung des Klienten auf persönliche Erfahrungen erkennt der Klient, wie er sein Problem lösen kann. Gleichzeitig legt er eine weitere, die vierte, Befürchtung offen: dass er sich durch Provokationen zu einem ungewollten Verhalten verleiten lassen könnte.

In diesem Zusammenhang wechselt der Coach die didaktische Methode. Er inszeniert ein kurzes Rollenspiel. Im Zuge dieses Rollenspiels probt der Klient, wie er seiner Angst kommunikativ begegnen kann.

Die fünfte Befürchtung, nämlich die Angst, wie gewohnt zu viel und zu lange zu reden, sodass das Gespräch am gewünschten Ziel vorbeiziehen würde, spricht der Coach als Nächstes an. Er möchte sowohl die wesentlichen Motive als auch die situativen Variablen ans Licht befördern, die diese Furcht nähren. Deshalb fragt er im ersten Schritt nach typischen Situationen. Bereits im zweiten Schritt versucht er, den Klienten mit alternativen Vorgehensweisen zu konfrontieren. Zunächst reagiert der Klient mit einem Scherz. Dieser vermittelt dem Coach zweierlei: das Vertrauen in den Coach sowie die emo-

Furcht vor langen Monologen

tionale Beruhigung des Klienten. Nach dem Scherz klinkt sich der Klient in das produktive Nachdenken ein und zählt einige Optionen auf, die für ihn infrage kommen. Der Coach checkt die Praktikabilität und damit die Wahrscheinlichkeit ab, mit der der Klient ausgewählte Handlungsalternativen praktizieren wird.

Furcht vor Ausbrüchen

Coach und Klient sprechen nochmals die Befürchtung an, der Klient könne sich zu nicht gewollten Worten hinreißen lassen. Wiederholt greift der Coach zum didaktisch-methodischen Mittel des Rollenspiels. Im Rollenspiel übernimmt der Coach den Part von Herrn Kilian, während der Klient nach Alternativen sucht, also nach Wegen, die alte Kommunikationsmuster überwinden helfen. Am Ende analysieren und kommentieren Coach und Klient das Rollenspiel gemeinsam. Auch dies dient der Verankerung von Erfahrungen und Einsichten, um den Transfer in die Praxis zu erleichtern.

Weitere Anregungen zur Gesprächsführung

Erarbeitung weiterer Aspekte zielbezogener Gesprächsführung

Der Coach nutzt die Gelegenheit, während sie das Gespräch mit Herrn Kilian vorbereiten, weitere Facetten der Gesprächsführung zu thematisieren, die er für bedeutsam hält. Neben dem »Feedback« ruft er die Chancen der »Ich-Botschaften« in Erinnerung und sensibilisiert den Klienten nochmals für die Unterscheidung zwischen Sach- und Beziehungsebene sowie für die kommunikative Dimension der Selbstoffenbarung und Appell-Funktion (Schulz von Thun). Der Sinn liegt zum einen darin, dem Klienten Anregungen zu geben. Zum anderen soll der Klient ermutigt werden, jene Aspekte des Kommunizierens zu verinnerlichen und anzuwenden, die für ihn praktisch bedeutsam sind.

Als der Klient auf die Frage, was er in dem Gespräch mit Herrn Kilian besprechen möchte, antwortet, was er diesem alles erläutern will, interveniert der Coach mit einer scheinbar widersinnigen oder zumindest unsinnigen Frage: »Bieten Sie ihm ein Getränk an?« Die Frage erreicht ihr Ziel, nämlich, den Klienten zu irritieren. Nach diesem offensichtlichen Nonsense-Vorschlag erkennt der Klient das Risiko seiner anvisierten Vorgehensweise. Der Coach überprüft die Machbarkeit der Alternative, die sich der Klient vornimmt, wieder durch ein Rollenspiel.

Insgesamt wird deutlich, dass der Klient seine Veränderungsabsicht sehr ernst nimmt und sich bemüht, diese umzusetzen. Ein untrügliches Zeichen dafür ist, dass er, ohne zu zögern, die Angebote zum Ausprobieren (Rollenspiele) wahrnimmt.

Zusätzliche inhaltliche Aspekte

Im Verlauf der Sitzung werden Inhalte, die der Klient mit Herrn Kilian besprechen möchte, festgezurrt. Gegen Ende des Dialogs berühren Coach und Klient das Thema »Beurteilung von Mitarbeitern«. Nachdem der Coach abgeklärt hat, in welchem Ausmaß der Klient delegieren will, gibt er einige Tipps zum Vorgehen und Umgehen mit Beurteilungskriterien. Er begründet, warum er Tipps gibt. Der wesentliche Grund liegt in der zeitlichen Knappheit, denn das Mitarbeitergespräch mit Herrn Kilian soll am übernächsten Tag stattfinden. In diesem Gespräch sollen Führung und Personalverantwortung erörtert werden. Dazu benötigt der Klient wenigstens minimale Informationen zu Logik und Prozedere von Beurteilungsprozessen. Es würde zudem den Rahmen der Sitzung sprengen, wenn das Thema ausführlich behandelt würde. Außerdem erkennt der Klient selbst die Notwendigkeit, die abstrakten Items zu konkretisieren. Diese Basis scheint dem Coach fundiert genug, um Empfehlungen zu formulieren, worauf zu achten und was zu leisten ist.

Zusatzthema: Beurteilung von Mitarbeitern

Das klingt so, als ob der Coach das Ende der Sitzung forcieren wolle, indem er Lösungen offeriert. Dem ist nicht so, und das dokumentiert er, indem er die letzte inhaltliche Frage des Klienten, die nach der Anzahl der Operationalisierungen allgemeiner Items, nicht beantwortet, sondern die Frage an den Klienten rückverweist. Er tut dies – wieder – mittels einer scheinbar »verwirrenden« Frage. Die Antwort bereitet dem Coach den Boden dafür, dem Klienten schließlich auf die Sprünge zu helfen. Die gedankliche Fortführung und Übersetzung in die Praxis leistet der Klient selbst.

Abschluss der Sitzung

Wie in jeder Sitzung versichert sich der Coach, ob und gegebenenfalls welche Fragen für den Klienten offen geblieben sind. In dieser Sitzung äußert der Klient einen Wunsch, dem der Coach entspricht. Der Klient zeigt dem Coach sowohl sein Vertrauen als auch sein redliches Bemühen, das Gelernte in dem Mitarbeitergespräch zu realisieren, indem er bittet, den Coach nach dem Gespräch anrufen zu können.

Vereinbarung von telefonischem Feedback

Ich habe im vorhergehenden Kapitel bereits erläutert, wann ich solche außerplanmäßigen Kontakte (die von Klienten oft als »out of record« bezeichnet werden) für sinnvoll und aus professionellen Überlegungen für erlaubt halte, sodass ich Sie, werte Leserinnen und Leser, darauf verweise.

Die fünfte Coaching-Sitzung

Programm für die
Sitzung

Im Vorlauf zur fünften Sitzung rief der Klient den Coach an, um von seinem Gespräch mit Herrn Kilian zu berichten. In diesem Telefonat schlug der Coach vor, die fünfte Sitzung für ein Resümee der bisherigen Arbeit zu reservieren und auf dieser Basis das weitere Vorgehen zu besprechen.

C: »Einen schönen guten Abend, Herr Ritter! – Na, sind Sie noch fit für unsere Sitzung?«

K: »Ihnen auch einen schönen Abend! – Ja, ich denke schon. Ich war in den letzten Tagen viel unterwegs, bei Kunden und Lieferanten, und dabei geht es mir oft so, dass ich mich in eine Art Rausch hineinsteigere. Der Knockout kommt in der Regel, sobald der Stress vorbei ist.«

C: »Stress? Negativ oder positiv?«

K: »In diesem Fall positiv. Ich hatte das Glück, vor allem gute Gespräche zu führen und war zeitweise mit Herrn Romm unterwegs. Vielleicht erinnern Sie sich an ihn. Ich erwähnte ihn ab und zu. Er ist sehr kompetent und temperamentvoll, sodass wir auch viel Spaß miteinander hatten. Außerdem tat es mir durchaus gut, mal wieder rauszukommen.«

C: »Gibt es aktuelle Belastungen im Geschäft?«

K: »Das Übliche. Keine besonderen Vorkommnisse, seit wir uns zum letzten Mal gesehen haben. Bis auf das erfreuliche Gespräch mit dem Christian. Ich merke richtig, dass ich erleichtert bin. Wie schon am Telefon gesagt, lief das Gespräch sehr tut. Ich habe mich weitgehend an meine Vorlage gehalten und Christian reden lassen.«

Selbstreflexion

C: »Ach – Ihre Freude erinnert mich an etwas, das mir schon in den letzten zwei Sitzungen auffiel und das sich heute verstärkt zeigt. Ich formuliere erst einmal eine Frage an Sie: Haben Sie an sich eine Veränderung in der Einstellung zu Herrn Kilian bemerkt?«

K: »Veränderte Einstellung? Hm. – Wenn Sie den aktuellen Stand meinen, natürlich ja. Das Gespräch hat mir viel gebracht. Ich glaube übrigens, ihm auch. Er ist kein übler Kerl. Sogar recht sympathisch. Und viel engagierter, als ich dachte.«

C: »Und vorher? Vor dem Gespräch?«

K: »Na, das haben Sie ja mitgekriegt! Ich hielt ihn für eine schwache Leuchte und unmotiviert. Ich habe ihn ja sogar der Illoyalität bezichtigt.«

C: »Und wann begannen Sie dieses Urteil zu revidieren?«

K: »Eigentlich schon – ja, stimmt – eigentlich schon in den letzten beiden Sitzungen. Als wir das Projektmeeting und meine Reaktion analysierten und das Gespräch vorbereiteten. – Woran machen denn Sie den Wandel fest?«

C: »Vor allem an Ihrer Bereitschaft, neue Deutungen zu probieren und zuzulassen. Die veränderte Sichtweise zeigt sich auch daran, dass Sie vom Nachnamen über den vollen hin zum Vornamen ›Christian‹ gelangt sind. Das scheint mir unzweideutig von einem Sympathiegewinn und einer gewandelten Einstellung zu zeugen.«

K: »Worauf Sie so achten!«

C: »Nun, das ist mein Job, Herr Ritter. Ich habe das erwähnt, um zu verdeutlichen, dass wir viel von dem, was in einem Menschen vorgeht, aus der Sprache heraushören können. – Na, jedenfalls war unsere Zeit, die wir mit Analyse und Vorbereitung des Gesprächs verbracht haben, gut investiert?«

K: »Auf jeden Fall. Es lief in der Tat so, dass ich erst einmal auf Skepsis stieß. Und ähnlich, wie wir es simuliert hatten, musste ich in den ersten Minuten sehr darauf achten, Kritik oder Klagen nicht als persönliche Anfeindung zu verstehen und mich auf das zu konzentrieren, was ich mit dem Gespräch erreichen wollte. Und ich glaube, ich habe mich kurz und bündig gehalten und vor allem Fragen gestellt. – Lief wirklich erstaunlich gut. Ich habe Ihnen das ja ausführlich am Telefon erzählt.«

C: »Ja, das haben Sie. – Was haben Sie getan, um die Kritik nicht als persönliche Anfeindung zu deuten?«

K: »Unterschiedlich. Einige Male habe ich einfach nur tief Luft geholt und geschluckt. Bei Äußerungen, die mich mehr trafen, habe ich uns im Rollenspiel gesehen und Ihre Ermahnungen und Anregungen zur Umdeutung gehört. Innerlich musste ich ab und zu sogar schmunzeln. Insbesondere der Perspektivenwechsel half mir, den Abstand zu meinen Gefühlen zu gewinnen, den ich brauchte, um bei der Sache zu bleiben.«

C: »Meinen Sie, dass Sie diese Techniken oder Selbstüberlistungen generell anwenden können?«

K: »Auf jeden Fall. Ich experimentiere damit auch im privaten Bereich. Meine Frau und ich sind sehr unterschiedlich. In Situationen, in denen wir uns nicht einig sind, ziehe ich mich schnell zurück. Jedenfalls empfindet sie das so. Sie meint auch, ich wolle immer gleich Lösungen finden, während sie das Thema erst noch ausgiebig diskutieren wolle. Gerade in den letzten Wochen gab es Anlässe, bei denen das deutlich wurde. Auf dem Heimweg von der letzten Geschäftsreise habe ich mich zurückgelehnt, grundsätzlich nachgedacht und versucht, mich in sie hineinzuversetzen. Aus ihrer Perspektive betrachtet, würde mich mein eigenes Verhalten selbst zur Weißglut bringen. Denn sie hat Recht, wenn sie sagt, ich wolle immer schnell eine Lösung haben. – Wie sagten Sie einmal: Man rutscht leicht rein in den Schlamassel und erleidet Schiffbruch mit schnellen Lösungen. Nach dem Motto: Hauptsache schnell eine Lösung, selbst wenn sie das Problem nicht trifft.«

*Subthema:
Schnelle Lösungen und
Konfliktbereitschaft*

C: »Ich steige kurz darauf ein: Was treibt Sie dazu, ›immer schnell‹ eine Lösung haben zu wollen?«

K: »Diese Frage habe ich mir auch gestellt. Zumal das im Geschäft ganz ähnlich ist. Ich glaube, ich möchte unangenehme Angelegenheiten schnell vom Tisch und aus dem Sinn haben. Ich möchte sie erledigen.«

C: »Das ist eine interessante und vielleicht aufschlussreiche Formulierung. Denn ›erledigen‹ gebrauchen wir in zwei Bedeutungen. Erstens meinen wir damit ›abhaken‹ können, fertig mit etwas sein, etwas abgeschlossen haben. Zweitens sprechen wir von ›erledigen‹, wenn wir einen Machtkampf gewonnen haben, also Sieger sind.«

*Meta-Perspektive und
Perspektivenwechsel*

K: »Hm – stimmt. Aber ich bin sicher, ich meine es – zumindest bei meiner Frau – im ersten Sinn. Ich muss zugeben, das mich das Geschäft so beansprucht, dass ich keine Lust und keine Energie habe, auch noch zu Hause Probleme zu wälzen. Ich will meine Ruhe, alles schön harmonisch – und deshalb die schnellen Lösungen. – Die Kritik meiner Frau nehme ich nichtsdestotrotz sehr ernst. Denn ich will nicht meine Beziehung aufs Spiel setzen. Deshalb habe ich den Trick des Perspektivenwechsels ausprobiert. Als ich versuchte, ihre Sicht meines Verhaltens einzunehmen, fiel es mir leicht, Verständnis für ihre Position aufzubringen. Und dieses Ergebnis kann ich durchaus verallgemeinern. Und noch etwas: Ich versuche öfter auch, Dinge aus der Vogelperspektive zu betrachten. Ich blicke von oben auf das Geschehen und beobachte die Akteure, einschließlich meiner Person. Auch das hilft mir, Distanz zu gewinnen und mir Zeit zu nehmen, erst einmal das Ganze genau anzuschauen. Diese Technik habe ich übrigens auch in unserem Monats-Meeting angewandt. Die Moderation hatte meine Chefin. Es war wie meistens: Ich langweilte mich und spielte Zaungast, als sich zwei Kontrahenten in die Haare kriegten. Das Hin und Her zwischen den beiden gehört zum Ritual dieses regelmäßig stattfindenden Meetings. Mit beiden Abteilungsleitern gibt es Schnittstellen zu meinem Bereich. Das heißt: Ich muss mit beiden so klarkommen, dass ich von ihnen laufend Informationen erhalte. Ich hörte also nur mit halbem Ohr zu, als plötzlich mein Name fiel. Ruckartig war ich hellwach und fragte: ›Bitte, wie war das?‹ Einer der beiden giftete mich an: ›Hören Sie gefälligst zu! Ich sagte, es sei Ihre Schuld, dass wir mit dem Lieferanten in der letzten Zeit Probleme haben. Er fühlt sich von Ihnen gekränkt und meint, Sie wollten ihn aussaugen. Das geht so nicht! Wir arbeiten mit ihm seit vier Jahren erfolgreich zusammen. Ich verbiete Ihnen, dass Sie ihn im Preis so drücken wollen, dass er kaum noch Luft holen kann!‹ – Oha, das war eine Situation! Ich fühlte das Adrenalin in den Kopf schießen und war kurz davor, ihn zusammenzustauchen. Denn er war offensichtlich falsch informiert. Es ging und geht mir bei dem Lieferanten nämlich nicht um den Preis, sondern um das Verhältnis von Preis und Leistung! Das ist ja wohl was völlig anderes, nicht wahr! – Ich wollte also gerade zurückgiften, als mir einfiel: ›Halt, bleib ruhig. Angreifen führt nur zur Eskalation. Das kannst du dir nicht leisten. Also provoziere ihn nicht. Bleibe cool.‹ Ich hatte dabei das Gefühl, alles von oben zu betrachten, und habe dann gesagt: ›Herr Viran, ich glaube, hier sind Fehlinformationen im Spiel. Ich würde Ihnen gern in Ruhe schildern, was der Gegenstand der Kontroverse zwischen dem Lieferanten und mir ist. Haben Sie nach dem Meeting etwas Zeit dafür?‹ Zu meiner, ich gestehe es freimütig, nicht geringen Schadenfreude blickte der Viran verdutzt in die Runde. Er konnte mein Angebot nicht ausschlagen vor Zeugen! Und so trafen wir uns tatsächlich nach dem Meeting für eine halbe Stunde.«

Erfolgserlebnis

C: »Das war ja wirklich eine Bewährungsprobe! Ich freue mich sehr über Ihre Erfolge. Prima! Das heißt, dass Ihnen diese zwei Praktiken, Vogelperspektive und Perspektivenwechsel, wirklich nützen?«

K: »Unbestreitbar, ja. Klappt natürlich nicht immer.«

C: »Nein, das kann es auch nicht. Wie Sie einmal bemerkten: Man kann nicht auf einen Knopf drücken und sofort anders handeln. Außerdem können wir die Folgen unserer Bemühungen nie zu einhundert Prozent beeinflussen. Ich möchte betonen: Nicht für jede problematische Situation realisieren wir die optimale Lösung – wenn es sie denn gibt. Was wir können, ist, Wahrscheinlichkeiten zu erhöhen. Nicht mehr, nicht weniger. – Sie haben vorhin ein Thema indirekt aufgegriffen, das wir bereits zu Beginn unserer Zusammenarbeit als Punkt erklärt haben, an dem Sie arbeiten möchten: Konfliktbereitschaft oder -fähigkeit.«

Konfliktfähigkeit

K: »Inwiefern?«

C: »Ihre Stichworte waren: Unangenehme Angelegenheiten schnell vom Tisch und (deshalb) schnell Lösungen finden wollen.«

K: »Ja. Aber ich verstehe nicht, was das mit Konfliktfähigkeit zu tun hat.«

C: »Was ist Ihnen an Konflikten am unangenehmsten?«

K: »Die knisternde Atmosphäre. Die Spannung bei Uneinigkeit, die Emotionen, die hochkochen könnten und manchmal sogar bis ins Feindliche gehen. Das verlangsamt es enorm, Probleme zu klären, zu lösen und zu einem Ende zu bringen. Das lähmt unheimlich. Nichts geht wirklich voran. Manchmal komme ich mir vor wie im Kindergarten!«

C: »Sie sprechen sowohl sachlich-inhaltliche als auch psychische und soziale Komponenten an. Darauf kommen wir später zurück. Zunächst einmal: Was genau erleben Sie als anstrengend und unnötig langwierig?«

K: »Vor allem die Auseinandersetzungen. Entweder es werden viele und ellenlange Gespräche geführt, so nach dem Motto: ›Konfliktgespräch – das sechste‹, oder die Kontrahenten reden gar nicht mehr miteinander, versprühen eine Eiseskälte und behindern sich gegenseitig.«

C: »Was ist Ihnen lieber?«

K: »Gefallen tut mir natürlich nichts von beidem. Aber normalerweise komme ich besser zurecht, wenn die Leute zum Reden bereit sind. Eisiges Klima finde ich ganz entsetzlich. Von den Fehlleistungen und Kosten, die das hervorbringt, mal ganz zu schweigen. – Und gleichzeitig strengen mich solche Gespräche ziemlich an. Deshalb suche ich sie nicht gerade.«

C: »Nun, und das, was wir vermeiden möchten, aber nicht umgehen können, wollen wir schnell hinter uns bringen, oder?«

K: »Ja, natürlich. Deshalb – ja, okay, ich habe die Kurve gekriegt –, deshalb probiere ich, schnell Lösungen zu finden und das Thema zu erledigen. Es heißt also auch hier: Ich bin ein Teil des Problems.«

C: »Ist Ihre Frage, was schnelle Lösungen mit Ihrer Bereitschaft, Konflikte zu riskieren, zu tun haben, damit beantwortet?«

K: »Ja. Danke.«

C: »Gut. – Lassen Sie uns hier einen Schnitt machen. Ich würde mit Ihnen, wie am Telefon besprochen, gern einen Streifzug durch unsere Sitzungen unternehmen und Revue passieren lassen, was wir thematisiert bzw. bearbeitet haben; welche Aspekte für sie besonders relevant sind; was für Sie ›erledigt‹ ist und wie wir weitermachen. – Einverstanden?«

Streifzug durch die Sitzungen

K: »Ja, sicher. Das hatten wir ja auch so abgemacht. Ich bin dankbar für diesen Vorschlag, denn ich habe den Eindruck, dass sich zumindest die Prioritäten für mich etwas verschoben haben. – Ich habe mich auf die Zusammenfassung oder den Streifzug, wie Sie sagen, etwas vorbereitet.«

C: »Hervorragend! Dann legen Sie mal los!«

K: »Ich habe mir meine Notizen aus den Sitzungen angeschaut und die Highlights für mich markiert. Ich meine damit das, was mich innerlich weitergebracht hat, worüber ich nachgedacht und was ich ausprobiert habe. Zwei Sachen haben wir heute bereits besprochen: Perspektivenwechsel und Vogelperspektive und die Umdeutungen, die ich damit erziele. Außerdem ist mir Ihre Fragestellung: Was ist mein Beitrag zum Problem?, eingefallen. Diese Frage diente uns, wenn ich mich recht erinnere, in der Diskussion zu meinem Verhältnis zum Christian und zu meiner Führung als Leitfaden. In diesem Zusammenhang war unsere Diskussion über Lernen und wechselseitige Beeinflussung für mich ergiebig. – Tja, und schließlich habe ich mir noch notiert, dass ich Verhaltens- und Kommunikationsmuster am ehesten durchbrechen oder überwinden kann, wenn ich mich frage: Was habe ich bisher versucht und was habe ich noch nicht getan, könnte es aber tun? Das war die Geschichte mit dem Betrunkenen. – Und natürlich, dass ich meine Ziele kennen muss, um nicht in Aktionismus zu verfallen. – Das sind für mich die wichtigsten Punkte.«

Highlights

C: »Na, das ist ja einiges. Prima. Ich möchte Ihnen einige Fragen dazu stellen. Erste Frage: Warum oder inwiefern führen Sie diese Aspekte weiter?«

K: »Darüber habe ich gründlich nachgedacht und mit meiner Frau gesprochen. Ich glaube, sie helfen mir, mir über mein eigenes Verhalten klarer zu werden und über die Wirkungen, die ich erziele. Wenn ich zum Beispiel frage, worin mein Beitrag zum Problem mit dem Christian liegt, erhalte ich Antworten, die mich zum Handeln zwingen. Ich kann agieren und etwas bewegen. Das ist mir sehr wichtig. Und ich habe konkret erlebt, dass diese Frage wirklich zu Verbesserungen führen kann. – Ganz ähnlich, wenn ich frage, was ich in der Vergangenheit gewöhnlich getan habe – und welche Möglichkeiten ich nicht nutze. – Dass Sie so oft darauf beharrt haben, vor dem Handeln genau zu überlegen, wohin ich will, also

Funktion der Highlights im Alltag

meine Ziele zu definieren, hat mir bewusst gemacht, dass meine Ziele bisher häufig undeutliche Vorstellungen waren. Die Kriterien für eine saubere Zieldefinition – Ziele als vorweggenommenes Ergebnis auszudrücken – nötigen mich, mir darüber Rechenschaft abzulegen, was ich erreichen will. Und dann kann ich zielorientierte Maßnahmen ergreifen. – Ich würde sagen, das ist es im Wesentlichen.«

Die innere Logik der Highlights

C: »Erkennen Sie einen gemeinsamen Nenner in dem, was Ihnen weiterhilft?«

K: »Sie meinen in den Techniken oder Fragen, die ich genannt habe?«

C: »Ja.«

K: »Hm, sie setzen alle bei mir an.«

C: »Wie oder wodurch?«

K: »Indem ich an mich selber Fragen richte. Indem ich mich selbst fordere, Dinge anders als bisher anzugehen.«

C: »Exakt. In der Kommunikationslehre kursiert dafür der Satz: Ich behandle mich selbst als Teil des Geschehens.«

K: »Das ist doch die Beitrags-Frage, nur anders formuliert.«

C: »Ja, das ist richtig. Die Formulierung: ›Ich bin Teil des Geschehens‹, spiegelt noch stärker als die Frage: ›Welchen Beitrag leiste ich zum Geschehen‹, die fundamentale Einstellung, in die der Leitsatz eingebettet ist, wider. Diese Aussage hebt hervor, dass ich mich stets als Akteur und nicht als Opfer betrachte. Auf diese Weise sensibilisiere ich mich für meine Denk-, Fühl- und Verhaltensweisen und programmiere mich auf ›agieren‹, wie Sie oft sagen: darauf, etwas zu bewegen. – Erinnern Sie sich an die fünfte Dimension des Kommunizierens bzw. etwas Aussprechens?«

K: »Sie meinen, dieses Sich-selbst-Programmieren, indem ich etwas in Worte kleide?«

C: »Genau. Jeder Mensch sät seine Möglichkeiten zu einem gewissen Teil selbst. Wenn ich mir beispielsweise sage: ›Ich bin ein armer Wurm und Opfer der Verhältnisse‹, dann programmiere ich mich auf reagieren. Wenn ich mir dagegen sage: ›Ich bin immer Teil des Geschehens‹, dann programmiere ich mich auf agieren. Das erste Programm hieße: defensive, das zweite: offensive Lebensstrategie. – Es gibt in der Psychologie zahlreiche Modelle, die diese Typen aufzeigen.«

K: »Diese Transaktions-Analyse, zum Beispiel?«

C: »Ja, Zum Beispiel. – Worauf ich hinausmöchte, ist: dass Sie sich augenscheinlich und hörbar auf die Vorwärtsstrategie festgelegt haben.«

K: »Auf jeden Fall. Mir macht es Spaß, etwas voranzubringen und zu verändern. Ansonsten wäre es mir schnell langweilig.«

C: »Apropos etwas vorwärts bringen: zurück zum Resümee als Grundlage für unser weiteres Arbeiten. Sie haben vorhin Ihre Highlights genannt. Ich möchte die inhaltlichen Akzente, die wir in den Sitzungen zur Vertiefung notiert haben, zusammenfassen. Ich verfahre dabei nicht chronologisch, sondern gehe thematisch vor. Im Anschluss daran lassen Sie uns bitte klären, wo und wie Sie weitermachen möchten. Okay?«

Die Highlights als Basis für die weitere Coaching-Arbeit

K: »Klar.«

C: »Als Akzente traten zum Vorschein: Beziehung Kilian–Ritter; Kommunikationsweisen (mit Chefin, Kollegen und Mitarbeitern, Stichwort hier: Verhältnis zu einzelnen Mitarbeitern und zum Team); Moderation; Beurteilungsgespräche; Konfliktbereitschaft und -fähigkeit. – Gibt es Korrekturen oder Ergänzungen Ihrerseits?«

K: »Nein, keine.«

C: »Gut. Dann bitte ich Sie jetzt, sich Themen und Strategien zu vergegenwärtigen, Ihre aktuelle Situation einzubeziehen und zu überlegen, was Sie in den nächsten Sitzungen fokussieren möchten. Achten Sie bitte darauf, Ihr Ziel zu definieren. – Ich lasse Ihnen gern einige Minuten Zeit.«

K: »Okay. Ich würde gern zwei Themen miteinander verbinden, nämlich Führung und Konflikt. Geht das?«

Der Klient definiert seine Schwerpunkte

C: »Welche Überlegungen münden in diesen Wunsch?«

K: »Mein Ziel ist ja, mein Führungsverständnis und folglich mein Führungsverhalten zu verändern. In einer Sitzung haben wir ausführlich analysiert, dass und warum ich mit Konflikten rechnen muss. – Außerdem möchte ich nicht als Konfliktvermeider gelten. Ich bin davon überzeugt, dass eine gute Führungskraft bereit sein muss, Konfrontationen zu wagen. Und das möchte ich erreichen. Ferner hilft mir das sowohl in der Führung einzelner Mitarbeiter als auch in der Teamführung – und ganz generell im Umgang mit Menschen.«

C: »Damit haben Sie die Antwort auf Ihre Frage wieder einmal selbst geliefert: Da sich Konfliktbereitschaft immer in konkreten Interaktionen zeigt, ist die Verbindung selbstverständlich möglich. Wir konzentrieren uns dann substanziell auf die Fragerichtung: Wie führe ich in konfliktuellen Situationen? Und: Wie handhabe ich Konflikte in Führungssituationen?«

K: »Bedeutet das, dass wir über Führung nur im Kontext von Konflikten reden?«

C: »Möchten Sie diese Beschränkung?«

K: »Nein, natürlich nicht. Ein guter Chef muss ja wohl mehr können, als Konflikte konstruktiv auszutragen.«

C: »Sie sind konsequent. Ihre Zielbestimmung setzt uns in der Tat auf zwei Spuren: Führung allgemein und Führung in konflikthaften Situationen.«

K: »Dann bin ich ja beruhigt. Das Gleiche gilt dann auch für das Thema Konflikt, oder?«

C: »Ja. Das heißt konkret: Wir werden uns auf jeden Fall mit der generellen Logik bzw. Dynamik von Konflikten beschäftigen, also fragen, woher sie rühren, wie sie sich zeigen, wie und wann es zu Eskalationen kommt und welche Strategien des Umgangs Ihnen offen stehen. – Mit dieser Präferenz nehmen wir eine Prioritätsverschiebung vor.«

K: »Ich weiß. Für mich ist das in Ordnung, weil diese beiden Themen für mich den Boden meines gesamten Handelns im Job abgeben.«

Verabredung für die nächste Sitzung

C: »Schön, Herr Ritter. Dann schlage ich vor, dass wir einen weiteren Termin festlegen. Experimentieren Sie bitte noch mit den Strategien, die Ihnen wichtig sind. Ich möchte, dass Sie systematisch Erfahrungen sammeln. Sie werden gewiss mit konfliktbeladenen Situationen ringen. Die Erfahrungen, die Sie machen, eignen sich dazu, souveräner zu werden in den neuen Praktiken, und dienen als Einstieg in eines unserer weiteren Hauptthemen. Was halten Sie davon, wenn wir uns in vier Wochen wieder treffen?«

K: »Äh, vier Wochen? Na ja, wenn Sie meinen. Da könnte ich am Donnerstag, so um 16 Uhr. Ist Ihnen das recht?«

C: »Ja, das geht, aber nur bis 19 Uhr, da dann der nächste Klient eintrifft.«

K: »Das macht nichts. – Soll ich was vorbereiten?«

C: »Nett, dass Sie fragen. Nein, diesmal ist nichts vorzubereiten. Wir haben inzwischen genügend Futter. – Herr Ritter, Sie schauen so fragend?«

K: »Äh, ja. Ich habe da noch eine Frage. – Wenn etwas Dringendes sein sollte im Geschäft, darf ich Sie dann spontan anrufen?«

C: »Selbstverständlich. Und wenn Sie vor Ablauf der vier Wochen ein Treffen möchten, dann werden wir das arrangieren!«

K: »Prima! – Also dann bis bald und vielen Dank noch einmal.«

C: »Eine lebhafte Zeit, Herr Ritter. Alles Gute bis dahin.«

Kommentar zur fünften Sitzung

Einstieg in die Sitzung

Der Beginn des Gesprächs erfolgt in lockerer, heiterer Atmosphäre. Das schließt eine hohe Aufmerksamkeit des Coachs durchaus ein. Er ist immer wachsam, um Untertöne und nonverbale Zeichen zu entdecken, die es ihm ermöglichen, auf Nicht-Ausgesprochenes sofort zu reagieren. In dem Dialogbeispiel greift der Coach den Begriff »Stress« auf.

Agenda, Verhalten des Coachs und Themen

In dem Telefonat vor der Sitzung haben Klient und Coach verabredet, was auf der Agenda steht. Zunächst jedoch spricht er einzelne Aspekte aus dem Gespräch zwischen Herrn Kilian und seinem Klienten an. Diese Vertiefung steht für den Coach unter dem Titel: »Überprüfen der Ernsthaftigkeit der Veränderungsintentionen« und »Überprüfen der Nachhaltigkeit bisheriger Umsetzungsleistungen des Klienten«. So kann der Coach gezielt Details herausarbeiten, die für den weiteren Coaching-Prozess relevant sind.

Die Sitzung dient dem Resümee

Aus diesen Gründen nimmt er die Umdeutungsinitiativen und die Maßnahmen zur Selbstdisziplinierung, von denen der Klient berichtet, auf. Er knüpft an sie an, indem er wieder Fragen stellt. Die Anworten zeigen ihm, aus welchen Motiven, mittels welcher »Tricks« und mit welchem Erfolg der Klient die Strategien »Meta-Position« und »Perspektiven-Wechsel« gewählt und genutzt hat. Der Coach hat mit seinen Fragen die anvisierte Agenda der Sitzung stets im Blick und steckt ab, inwieweit die Wünsche und Bemühungen des Klienten relevant und tragfähig sind. An den Ausführungen und der Offenherzigkeit des Klienten liest der Coach ab, dass jener ernsthaft ins Grübeln gekommen und couragiert genug ist, mit den Strategien zu experimentieren.

Stets ist es der Klient, der die Stichworte liefert und so das Gespräch inhaltlich dirigiert. Etwa zur Thematik Konfliktbereitschaft und -fähigkeit. Zwar taucht die Nennung dieses Themas aus Sicht des Klienten plötzlich, also unvermittelt und überraschend auf. Deshalb fragt er nach. Doch anstatt die Antwort zu geben, delegiert der Coach zurück. Die Fragen, die er in dieser Dialogsequenz stellt, folgen der Devise: »Fragen regen zum Nachdenken an«. Außerdem genießen die Ergebnisse, die dem eigenen Nachdenken entspringen, eine höhere Plausibilität und einen tieferen Grad der Durchdringung als »vorgekaute« Deutungen und Schlussfolgerungen. Die Fragen haben folgende drei Funktionen:

- ❖ Erstens soll der Klient nachvollziehen können, welchen Bezug das Thema »Konfliktverhalten« zu seinen Äußerungen hat.
- ❖ Zweitens gibt dieser Gesprächsteil essenzielle Informationen zu aktuellem Konfliktverhalten sowie zur gegenwärtigen Konfliktbereitschaft des Klienten. Außerdem kann der Coach den Stellenwert des Themas erkennen.
- ❖ Drittens verwendet der Coach den Austausch über Aspekte des Themas dazu, weiterführende Selbstreflexionen auszulösen und eine Erkenntnis, die für den Klienten offenkundig bedeutsam geworden ist, zu verstärken, nämlich die Erkenntnis, der Klient sei auch in diesem Zusammenhang Teil seines Problems.

Nachdem sich der Coach vergewissert hat, dass der Klient bereit ist, das Thema »Konflikt« vorläufig beiseite zu legen, lenkt er auf den eigentlichen Sitzungspunkt »Vergegenwärtigen des bisher Erarbeiteten und Selektion weiterführender Themen«. Auch in diesem Anlauf nimmt er Umwege in Kauf. Seine Zielorientierung ist stets begleitet von Nachfragen, um Themen zu vertiefen, oder Punkte zu klären, sowie davon, stets das Einverständnis des Klienten einzuholen. Resümee und Selektion überlässt der Coach dem Klienten: Es sind seine Ziele und seine Intentionen. Der Coach übernimmt in erster Linie die Funktionen des Korrektivs, Promotors und Katalysators. Er überprüft wiederholt, inwiefern die Einsichten und Praktiken für den Klienten tatsächlich relevant und alltagstauglich sind. Er klärt ab, inwiefern der Klient ambitioniert ist und sich sicher genug fühlt, um die bereits erfolgreich angewandten Strategien auf andere Situationen zu transportieren. Er sorgt dafür, dass dem Klienten Zusammenhänge klar werden, so etwa die Vernetzung von Einstellung, Redeweise und Handeln (Stichwort: Selbstprogrammierung via Sprache). Zudem inspiriert der Coach den Klienten, über persönliche Motive für seine Wünsche nachzudenken.

Abschluss der Sitzung

Gegen Ende des Gesprächs fasst der Coach die neuen Prioritäten zusammen. Als er vorschlägt, dass die Pause bis zum nächsten Treffen vier Wochen betragen soll, überhört er zunächst die anscheinenden Bedenken des Klienten. Dieses Ignorieren geschieht absichtlich. Denn der Coach möchte den Klienten stillschweigend auffordern, offen seine Bedenken und Bedürfnisse zu äußern sowie sein Vertrauen zu zeigen. Es sind zwei Gründe, die ihn in dieser Weise taktisch verfahren lassen. Zum einen greift er zurück auf eine Vereinbarung zwischen ihm und dem Klienten, der Verabredung nämlich, aufrichtig und offensiv zu kommunizieren. Zum anderen verfolgt er ein didaktisches Ziel. Er verdeutlicht dem Klienten, dass dieser nicht davon ausgehen kann, der Coach könne Gedanken lesen. Dies entspricht dem allgemeinen Leitgedanken: Kein Mensch kann seriös meinen, ein anderer verfüge über telepathische Begabungen. Geht jemand trotzdem davon aus, riskiert er, Wirkungen zu erzeugen, die er nicht will, insbesondere seine Bedürfnisse unbefriedigt in sich herumzutragen.

Ganz rigoros bleibt der Coach allerdings nicht. Er interpretiert das nonverbale Verhalten des Klienten und äußert seine Vermutung. Dies ermutigt den Klienten, sein Bedürfnis schließlich doch noch ausdrücklich zu formulieren. Dadurch erlebt der Klient auch diese Sitzung als eine »runde Sache« – eine Sitzung, die insofern eine Zäsur darstellt, als sie den ersten thematischen Block des Coachings beschließt und eine längere Pause impliziert.

Umgehen mit der emotionalen Irritation des Klienten

Abschluss

Auf Wiedersehen!

Liebe Leserinnen und Leser, mein Bemühen war darauf gerichtet, Ihnen einen Einblick in die Praxis des Einzel-Coachings zu geben. Mein Anliegen bestand darin, Sie – zuweilen ansatzweise, zuweilen ausführlich – in wesentliche Ansprüche und Anforderungen, Gefühle und Gedanken sowie dialogische Praktiken eines Coachings eintauchen zu lassen. Sicherlich bleiben manche Fragen unbeantwortet. Zahlreiche, so hoffe ich, habe ich beantworten können.

Abschließend möchte ich jenen Aspekt, der sowohl beim Klienten als auch beim Coach stets thematisch ist und »mitläuft«, mit einer Episode aus »Alice im Wunderland« verdeutlichen. Alice ist im Gespräch mit der Herzogin:

> »Wie wahr!«, sagte die Herzogin. »Flamingo und Senf, das hat gar scharfe Zähne! Und die Moral davon ist: ›Trau keinem Vogel, bevor er nicht singt.‹« – »Nur dass Senf kein Vogel ist«, warf Alice ein. »Du hast Recht wie immer«, sagte die Herzogin, »wie klar du dich ausdrücken kannst!« – »Sondern ein Bodenschatz – glaube ich«, sagte Alice. – »Freilich ein Bodenschatz«, sagte die Herzogin, die Alice offenbar in allem Recht geben wollte, »hier in der Gegend wird sogar sehr viel Senf gestochen. Und die Moral davon ist: ›Was du nicht willst, das man dir tu, das füg auch keinem andern zu.‹« – »Ach, jetzt weiß ich es wieder!«, rief Alice, der diese Bemerkung entgangen war. »Senf ist eine Pflanze. Er sieht zwar nicht so aus, ist aber trotzdem eine.« – »Ich bin ganz deiner Meinung«, sagte die Herzogin, »und die Moral davon ist: ›Scheine, was du bist, und sei, was du scheinst‹ – oder einfacher ausgedrückt: ›Sei niemals ununterschieden von dem, als was du jenen in dem, was du wärst oder hättest sein können, dadurch erscheinen könntest, dass du unterschieden von dem wärst, was jenen so erscheinen könnte, als seiest du anders!‹« (Alice im Wunderland, Lewis Caroll)

Authentizität als Wert oder nicht. – Es kommt nicht darauf an, ob ein Klient oder ein Coach in einem Einzel-Coaching »Echtheit«, »Selbstsein« oder »Selbstverwirklichung« suchen und finden beziehungsweise – berufsrelevant formuliert – »Potenzial-Entfaltung« betreiben möchte. Worauf es ankommt, ist: dass, sobald Sie, werte Leserin und werter Leser, Forderungen an sich selbst stellen, diese im Einklang mit dem stehen, was Ihnen »liegt« und was zu Ihnen »passt«.

In diesem Sinne wünsche ich Ihnen alles Gute!

Literaturverzeichnis

Carroll, Lewis: Alice im Wunderland. Cecilie Dressler Verlag, Hamburg 1989.

Holtbernd, Thomas/Kochanek, Bernd: Coaching. Die 10 Schritte der erfolgreichen Managementbegleitung. Wirtschaftsverlag Bachem, Köln 1999.

Janka, Franz: Das Coaching-Programm für Ihre Karriere. Falken-Verlag, Niedernhausen 1999.

Kant, Immanuel: Kritik der praktischen Vernunft (1788). Reclam Verlag, Stuttgart 1978.

Mahlmann, Regina: Selbsttraining für Führungskräfte. Ein Leitfaden zum »persönlichen Change Management«. Beltz Verlag, Weinheim und Basel [2]2000.

Mahlmann, Regina: Konflikte managen. Psychologische Grundlagen, Modelle und Fallstudien. Beltz Verlag, Weinheim und Basel 2000.

Mahlmann, Regina: Erfolgreich als Führungkraft. Eigene Stärken erkennen, entwickeln und nutzen. Beltz Verlag, Weinheim und Basel 2000.

Neuberger, Oswald: Im Reden verzaubern wir uns selbst. In: Wir Selbstdarsteller. Psychologie Heute Taschenbuch. Weinheim 1988.

Petzhold, Hilarion G.: Integrative Supervision, Meta-Consulting und Organisationsentwicklung, Modelle und Methoden reflexiver Praxis. Ein Handbuch. Jungfermann, Paderborn 1998.

Pühl, Harald (Hrsg.): Supvervision in Unternehmen. Fischer Taschenbuch Verlag, Frankfurt a.M. 1996.

Rückle, Horst: Coaching. So spornen Manager sich und andere zu Spitzenleistungen an. mi Verlag, Landsberg 2000.

Schreyögg, Astrid: Coaching. Eine Einführung für Praxis und Ausbildung. Campus Verlag, Frankfurt a.M. 1995.

Schulz von Thun, Friedemann: Miteinander reden. Band 1 und 2. Rowohlt Verlag Reinbek 1981.

Schulz von Thun, Friedemann/Thomann, Christoph: Klärungshilfe. Handbuch für Therapeuten, Gesprächshelfer und Moderatoren in schwierigen Gesprächen. Rowohlt Verlag, Reinbek 1990.

Stowasser, Franz/Thumm, Hans-Georg: Coaching – das Flösserprinzip. A&O Verlag des Wissens, Hamburg/Zürich 1999.

Watzlawik, Paul/Weakland, John H./Fisch, Richard: Lösungen. Zur Theorie und Praxis menschlichen Wandels. Verlag Hans Huber, Bern/Stuttgart/Toronto [4]1988.

Watzlawik, Paul: Anleitung zum Unglücklichsein. Piper Verlag, München/Zürich [4]1983.

Watzlawik, Paul: Vom Unsinn des Sinns oder vom Sinn des Unsinns. Icus Verlag, Wien [2]1991.

Weiß, Josef: Selbstcoaching. Persönliche Power und Kompetenz gewinnen. Jungfermann Verlag, Paderborn 1992.

Bildnachweis

S. 11, 29, 68, 143: Martin Guhl/Baaske Cartoons
S. 13, 19, 21, 33, 35, 51, 102, 123, 129, 153: Erik Liebermann/Baaske Cartoons
S. 15: Oswald Huber/Baaske Cartoons
S. 61: Hennes/Baaske Cartoons
S. 63, 90, 107: Björn Holm/Baaske Cartoons
S. 80: Mathias Hütter/Baaske Cartoons
S. 112, 113: Heinz Wildi/Baaske Cartoons

W BELTZ WEITERBILDUNG

Regina Mahlmann
Konflikte managen
Psychologische Grundlagen,
Modelle und Fallstudien.
204 S. Pappband.
ISBN 3-407-36359-1

Konflikten sind wir täglich
ausgesetzt: Entscheidungen
stehen an, im Team herrscht
Unmut, der Chef ist anderer
Meinung. Ausweichen ändert
nichts. Innere, zwischen-
menschliche und soziale
Konflikte lauern überall!
Konfliktfähigkeit ist eine
Kunst, die Sie lernen können.
Wird sie beherrscht, lassen
sich viele Konfliktherde
frühzeitig erkennen und
Turbulenzen meistern. Die
Autorin liefert das Hand-
werkszeug: Sie beschreibt
die Ursachen von Konflikten,
den möglichen Verlauf sowie
die konstruktive Handhabung.

Aus dem Inhalt:
Voraussetzungen für Kon-
fliktfähigkeit; Innere Kon-
flikte; Zwischenmenschliche
Konflikte; Soziale Konflikte;
Fallstudien.

Regina Mahlmann
**Selbsttraining
für Führungskräfte**
Ein Leitfaden zur Analyse
der eigenen Führungs-
persönlichkeit und eine
Anleitung zum »persönlichen
Change Management«.
248 S. Zahlr. Abb. Pappband.
ISBN 3-407-36374-5

Dies ist ein Buch zum
Selbst-Coaching,
mit Tests, Beispielen
und Erläuterungen.
Erkennen Sie mit Hilfe dieses
Buches Ihre Stärken und
Schwächen. Mit diesem
Wissen entfalten Sie Ihre
eigene Vision einer guten
Führungskraft. Sie bekommen
viele Anregungen, wie Sie an
»Schwachstellen« arbeiten
können und dabei authentisch
bleiben. So gerüstet meistern
Sie den Führungsalltag.

Aus dem Inhalt:
Grundmotivationen mensch-
lichen Handelns; Strategien
für den Umgang mit Verän-
derungen; Neubestimmung
der Führungsfunktion; Coach,
Leader und Kulturmanager.

Bernd Weidenmann
**100 Tipps und Tricks für
Pinnwand und Flipchart**
92 S. Broschiert.
ISBN 3-407-36364-8

Kaum noch Seminare ohne
Flipchart und Pinnwand,
ohne Moderatorenkoffer mit
Stiften, Karten, Nadeln und
Überschriftenwolken. Mit
den 100 Tipps und Tricks in
diesem Buch erwachen Ihre
Flipcharts und Pinnwände
zu neuem Leben. Ihre Teil-
nehmer werden begeistert
sein! Lassen Sie sich überraschen von originellen Ideen:
Fadentrick, Knüllwolke,
Pinnwandlampe, wandelnde
Litfaßsäule, Kartenjogging,
Ampelfeedback, Schubladen-
pinnwand, Schnell-Clustern
und vieles mehr.

Aus dem Inhalt:
Freihand-Skizzen; Schreiben
wie ein Profi; Überschriften
als Muntermacher; Originelle
Ideen für Standardposter;
Karten vernetzen; Medien-
Kombi; Pinnwand als Requi-
site; Überraschungskarten;
Lernspiele.

Michael Reddy
Mitarbeiter beraten
Kollegiale Hilfe zur Selbsthilfe.
197 S. 20 Abb. Pappband.
ISBN 3-407-36328-1

Der Mensch ist der wichtigste
Aktivposten eines Unternehmens. Der Erfolg hängt davon
ab, ob ein effektives und
zufrieden stellendes Arbeiten
möglich ist. Unter diesen
Gesichtspunkten ist Beratung
ein kostengünstiges Mittel zur
Verbesserung der Arbeitsleis-
tung. Doch gute Beratung will
gelernt sein. Michael Reddy
versteht darunter vor allem
die Hilfe zur Selbsthilfe. Die
Betroffenen sollen in die Lage
versetzt werden, selbst die
Lösung ihres Problems herbeizuführen. Er beschreibt ausführlich die drei Phasen des
Beratungsprozesses mit den
dazugehörigen Fähigkeiten,
Techniken und Einstellungen.

Aus dem Inhalt:
Die drei Phasen der Beratung;
Beratungstechniken;
Eigenschaften eines Beraters;
Karriereberatung.

Beltz Verlag · Postfach 10 01 54 · 69441 Weinheim · www.beltz.de